37-41 Boulevard Dubouchage • 06000 Nice
Nice • Genève • Paris • Bruxelles • Montréal

N° d'éditeur : 2-36392

ISBN 978-2-36392-562-6

Bruno Valentin

En collaboration avec
Caroline Stefani

SÉDUIRE ET FIDÉLISER PAR LE STORYTELLING

La communication narrative appliquée aux entreprises et aux marques

Préface de **Marco Landi**

Ancien Président d'Apple Monde

LESEDITIONS**OVADIA**

« Si l'Histoire était racontée sous la forme d'histoires,
elle ne serait jamais oubliée. »
Rudyard Kipling

« Ceux qui racontent les histoires dirigent le monde. »
Proverbe amérindien

Sommaire

Préface

Ma vie a été remplie de belles histoires. Tout d'abord la mienne, celle d'un petit garçon issu d'une famille modeste de Toscane, qui est parvenu à financer ses études à force de volonté et de travail et qui a quitté son Italie natale pour devenir un jour Président d'Apple Monde. Ensuite, les histoires que d'autres m'ont racontées. Des récits qui ont fait de moi l'homme que je suis aujourd'hui.

La première narratrice qui a marqué mon existence, c'est ma grand-mère. Quand la neige tombait en abondance, on s'installait au coin du feu, dans la maison familiale de Chianciano, et elle me racontait des histoires palpitantes. J'étais alors fasciné par cette femme de caractère qui mettait en scène sa vie et ses souffrances, avec beaucoup d'amour et de créativité. C'était un mélange d'émotions, d'humour et de sincérité. Et ma première rencontre avec le storytelling.

À 12 ans, alors que mes camarades jouaient aux petites voitures, j'ai dû travailler tous les étés pour aider mes parents à joindre les deux bouts et payer mes livres scolaires. Mon tout premier emploi a été celui de vendeur de chaussures auprès de Monsieur Carlini, un personnage qui m'a beaucoup marqué. Je n'étais qu'un enfant et c'était presque invraisemblable de travailler si jeune. Je n'avais d'ailleurs pas de vrai salaire et je devais compter sur les pourboires. Celso Carlini était un homme très créatif et il avait le don de comprendre les femmes et d'anticiper leurs désirs.

Son discours de vente était empreint de poésie, captivant le cœur des clientes. On aurait dit qu'il vendait, non pas des chaussures, mais une façon « plus agréable de marcher », ou « un bijou qui attire le regard », une « redéfinition de l'élégance », « des chaussures que l'on vous enviera ». Sans aucune formation marketing, il avait parfaitement compris que ses clientes n'achetaient pas seulement des accessoires de mode mais également les histoires qui les accompagnaient.

En vérité, au fil de ces années, j'ai accumulé, grâce à lui, un trésor de connaissances sans même m'en rendre compte. C'était un formidable storyteller qui m'a notamment appris l'art de la commercialisation, la négociation et la stratégie de positionnement des produits. Tout ce bagage a facilité mon parcours, notamment lors de ma première expérience professionnelle chez Texas Instruments, quand je me suis retrouvé seul avec mes échantillons de semi-conducteurs face à des clients de grandes entreprises.

Grâce à ce premier emploi, j'ai pu acheter mes livres de lycée et finir mes études. À cette époque, j'ai également fait la rencontre de deux storytellers de légende. Le premier fut Homère. J'ai été totalement captivé par la lecture de *L'Iliade* et de *L'Odyssée*. Et le second fut le poète italien Dante Alighieri. Des auteurs et des récits qui m'ont fortement marqué et qui ont eu un véritable impact sur mon rapport à l'histoire et à la narration.

Issue de mon parcours chez Texas Instruments puis Apple, ma riche expérience en entreprise m'a conforté dans la conviction que le storytelling est un outil de communication d'une efficacité redoutable, tant en interne qu'en externe.

En éveillant les émotions, le storytelling établit un lien puissant avec le public de l'entreprise, pouvant influencer les décisions et susciter une réelle action. Contrairement aux faits bruts, les histoires sont plus facilement retenues par le cerveau humain que les informations factuelles. Elles restent donc plus longtemps dans l'esprit du public.

L'usage du storytelling contribue également à renforcer la culture d'entreprise et à consolider la cohésion interne, en partageant des valeurs et des objectifs communs. En utilisant une histoire pour illustrer un concept un peu complexe, vous pouvez le rendre plus compréhensible pour votre audience. Ce n'est donc pas pour rien que les plus grandes marques utilisent régulièrement cette technique de communication.

Pour l'anecdote, deux expériences m'ont particulièrement marqué. En Corée, j'ai rencontré le directeur général de la LG Lucky Star, l'une des sociétés d'électronique les plus influentes du pays. Pendant la journée, avant d'aborder le sujet des affaires, alors que nous faisions connaissance, il m'a confié son amour pour la musique italienne et le plaisir qu'il éprouvait à la chanter. Étonné, je lui avouai partager ce même hobby, particulièrement lors de mes séances de rasage. Cela m'a amené à relever un défi inattendu : un duel de karaoké.

Une fois installé dans la salle de restaurant qu'il avait réservée pour l'occasion, j'ai débuté par « *Volare* », certain que la salle connaîtrait ce tube. J'ai commencé en chuchotant et quand j'ai lancé le premier « Volaaaaareeee, oh, oh... », je suis descendu dans la salle au milieu du public que j'ai invité par mes gestes à chanter avec moi. Presque tous se mirent à m'accompagner. Ma chanson terminée, j'eus l'impression d'être parmi des amis chers qui fêtaient un anniversaire. Ils m'ont alors demandé de chanter à nouveau.

« *Mamma* » était la chanson que je voulais interpréter avec toute la passion dont j'étais capable, mais la musique n'était malheureusement pas disponible. J'ai donc décidé de la chanter « a cappella »... et j'ai remporté haut la main la compétition. J'ai fait plus qu'interpréter ce titre, j'ai raconté avec émotion l'histoire de ma propre mère avec qui j'ai toujours eu un lien très particulier et qui représentait tant pour moi. Le jour suivant, pendant la réunion Texas Instruments – LG, j'ai immédiatement remarqué un changement d'ambiance. Sur la grande table positionnée au milieu de la salle, les porte-noms désignant les participants avaient été réorganisés. La veille, les dirigeants de TI et ceux de LG se faisaient face. Ce jour-là nous étions tous mélangés et je m'assis à côté de leur président : un signe de cordiale amitié.

Autre expérience marquante, quand j'étais à la présidence d'Apple Monde, nous avons fait revenir Steve Jobs dans l'entreprise qu'il avait créée et dont il avait été évincé. Mais celui-ci n'était pas notre premier choix. Notre favori était un entrepreneur français Jean-Louis Gassée, qui nous demandait beaucoup trop d'argent. C'est la raison pour laquelle nous avons opté pour le second choix. Ce qui prouve que rien n'est jamais écrit à l'avance. Si Jean-Louis Gassée n'avait pas été si gourmand, peut-être que l'Iphone, l'Ipad et les autres créations d'Apple n'auraient pas existé. Ou en tout cas, pas à ce moment-là.

Apple, par sa maîtrise des principes fondamentaux de la communication a construit son image et bâti sa propre légende. J'ai eu la chance de travailler avec Steve Jobs, un remarquable storyteller, dans une entreprise qui ne commercialise pas seulement des ordinateurs ou des téléphones mais qui vend aussi des histoires et du rêve. Il utilisait remarquablement le storytelling pour promouvoir ses produits, notamment ses innovations. Il m'a appris trois leçons fondamentales. La première, c'est que dans la vie, il est impératif d'avoir une vision et de savoir où on veut aller. La deuxième, c'est que lorsque l'on rencontre des obstacles, il faut passer à côté et créer quelque chose de nouveau. La troisième, c'est que rien ne remplace la curiosité. Il faut toujours être en quête de découverte et imaginer de nouvelles histoires.

Aujourd'hui, je suis Président de l'Institut EuropIA dont l'objectif est de sensibiliser et de former le grand public et les entrepreneurs aux enjeux de l'Intelligence artificielle. Je suis également président de The Digital Box, une entreprise spécialisée dans l'IA et actionnaire de start-ups qui travaillent dans cet univers. J'ai acquis la conviction que si l'IA est bien contrôlée, elle nous permettra d'écrire de nouvelles pages passionnantes dans l'histoire de l'humanité car elle contribuera notamment à faire avancer considérablement la médecine et la science. De la même manière, dans le monde du travail, elle libérera les femmes et les hommes de tâches répétitives sans aucun intérêt.

Marco Landi
Ancien Président d'Apple Monde
Président de l'Institut EuropIA

« Les histoires sont jusqu'à 22 fois plus mémorables que les faits ou les chiffres seuls. »

Jennifer Aaker

Introduction

Nous adorons les histoires. D'ailleurs, nous ne savons pas résister à une bonne histoire. Nous les utilisons en permanence. Pour enseigner, pour transmettre, pour créer des liens avec les autres, voire pour donner un sens à nos vies. Des premières peintures rupestres aux superproductions hollywoodiennes d'aujourd'hui, l'être humain a toujours utilisé la narration pour partager des informations, des expériences et des idées.

Avez-vous déjà remarqué, lors de réunions de famille ou de moments partagés entre amis, que les bons conteurs ont l'étonnante capacité d'attirer toute l'attention sur eux et de provoquer l'écoute de l'ensemble de l'assistance ? C'est bien là le super pouvoir de la narration. Il n'y a donc rien de surprenant à ce que les entreprises et les marques qui nous offrent les meilleurs récits soient celles qui se font le mieux remarquer.

Le storytelling est un outil marketing puissant qui consiste à utiliser la narration pour capter l'attention de ses publics, créer un lien durable avec eux et se différencier de la concurrence. Contrairement aux idées reçues, il n'est pas l'apanage des grandes marques référentes évoluant dans l'univers de la grande consommation mais concerne les entreprises de toutes tailles et de tous secteurs d'activité. Avec l'avènement des réseaux sociaux, de véritables communautés de consommateurs se sont constituées autour des marques dont elles partagent les valeurs.

En élaborant des histoires inspirantes qui font appel aux émotions, les entreprises peuvent communiquer avec beaucoup plus d'efficacité, notamment en matière d'adhésion et de mémorisation, séduire leur audience, augmenter les ventes et renforcer la fidélisation client.

Tout au long de cet ouvrage, nous allons vous proposer des conseils, des techniques et des méthodes pour construire votre storytelling. Nous allons aussi vous proposer de nombreux exemples d'entreprises et de marques qui ont su s'ancrer dans l'esprit des consommateurs et s'imposer sur leur marché grâce à une communication narrative particulièrement réussie.

« La communication est une science difficile. Ce n'est pas une science exacte. Ça s'apprend et ça se cultive. »

Jean-Luc Lagardère

Chapitre 1

LES ENJEUX DE LA COMMUNICATION D'ENTREPRISE

Échanger des connaissances ou des émotions. Étymologiquement, le verbe « communiquer » vient du latin « *communicare* » qui signifie « mettre en commun ». La communication ne se limite pas à l'émission d'un message, d'un émetteur à un récepteur. Dans ce cas précis, on parle simplement d'une transmission d'informations sans que l'audience n'ait d'impact sur la nature du message, comme par exemple dans le cas d'une « note de service ». La communication va bien au-delà. Il s'agit là d'une véritable interaction entre deux entités qui se partagent des informations et construisent une relation ensemble. Elles échangent alors des connaissances ou des émotions, à travers un langage, des images, des signaux... Dans un monde où les acteurs de la communication sont devenus extrêmement nombreux, les messages omniprésents et les clients de plus en plus exigeants et de moins en moins fidèles, les entreprises et les marques n'ont plus le choix : communiquer est un impératif vital.

Mais pour cela, elles doivent définir des objectifs stratégiques et un plan de communication cohérent en travaillant les messages qu'elles vont décider d'émettre à destination de leurs différents publics cibles. La communication d'une entreprise peut alors se définir comme l'ensemble des messages, informations et signaux que celle-ci émet en direction de tous les publics. Car les répercussions médiatiques d'une polémique, d'un scandale ou d'un « *bad buzz* » participent également de la communication d'une entreprise ou d'une marque.

Par contre, la stratégie (ou politique) de communication d'une entreprise, c'est la planification et la coordination des messages, informations et signaux qu'elle va décider d'émettre à destination de publics choisis dans une logique d'interactivité avec ceux-ci. La stratégie de communication doit aussi permettre d'établir les priorités dans les prises de parole et se concevoir dans une dimension globale afin d'obtenir une cohérence et une efficacité maximum.

Communiquer ? Oui, mais pourquoi ?

Une entreprise, quels que soient sa taille et son secteur d'activité, se doit de prendre la parole de manière structurée. Le « faire savoir » est devenu aussi important que le

« savoir-faire », si ce n'est plus. L'image d'un produit ou d'un service prime désormais sur ses qualités objectives. Nous vivons dans un monde où la notoriété est devenue une fin en soi. Les influenceurs d'aujourd'hui en sont la preuve la plus évidente.

DÉVELOPPER SA NOTORIÉTÉ

Tout comme vous allez accorder votre confiance à une personne physique qui vous est familière, vous allez privilégier une marque connue à celle dont vous n'avez jamais entendu parler. De façon inconsciente, les consommateurs font confiance à ce qu'ils connaissent. Toutes choses étant égales par ailleurs, au moment de l'acte d'achat, ils donneront leur préférence aux marques les plus connues. Il arrive aussi souvent que l'on n'attribue pas une communication à la marque qui a réellement pris la parole mais à une marque plus renommée. C'est ce que l'on appelle la prime à la notoriété.

CONSTRUIRE SON IMAGE

En affichant une image positive, l'entreprise ou la marque valorise ses produits ou ses services, ce qui lui permet de mieux les vendre et d'augmenter son chiffre d'affaires, mais également de pouvoir hausser ses prix et accroître ses parts de marché. Par ailleurs, l'image de la marque est déterminante en matière de crédibilité et de confiance inspirée aux clients et clients potentiels. Une bonne image peut également limiter les conséquences d'une éventuelle crise que l'entreprise pourrait avoir à affronter.

RASSURER SES CLIENTS OU SES PROSPECTS

Dans un monde de sur-médiatisation, pour une entreprise dont le but premier est de générer du profit, le fait de communiquer est synonyme de transparence et d'honnêteté. À une époque où tout le monde affiche sa vie et ses secrets les plus intimes sur les réseaux sociaux, ne pas communiquer et donc se couper du monde peut être perçu comme suspect. « Les gens sans bruit sont dangereux », écrivait déjà Jean de La Fontaine au XVIIe siècle.

EXPRIMER UNE DYNAMIQUE

Communiquer sur de nouveaux produits, de nouvelles offres ou services : c'est exister. Donc se montrer en mouvement. De manière inconsciente, le silence est associé à l'immobilité. Une entreprise ou une marque silencieuse est perçue comme manquant de dynamisme. Elle perd alors de son attrait et peut sembler dépassée.

COMMUNIQUER, C'EST INTERAGIR

Avec l'avènement de la communication digitale et du web 2.0, le pouvoir et la parole sont donnés aux consommateurs. Communiquer, c'est alors proposer à son audience d'interagir directement avec l'entreprise ou la marque à travers des retours d'expérience voire une participation au processus de création. La marque Lego a ainsi invité sa communauté de fans à soumettre des idées de nouveaux produits. C'est ainsi que la voiture « *Retour vers le futur* » ou encore la boîte « *Ghostbusters* » ont été lancées. Même principe chez Dove qui a incité les consommateurs à choisir l'un des quatre parfums de bonbons iconiques dans le cadre du lancement d'une nouvelle crème de douche de la gamme « Douceurs d'enfance ». D'une certaine manière, solliciter l'avis des clients permet de garder le contrôle.

PRODUIRE DE LA VALEUR

La communication est un levier économique puissant. En générant du désir d'achat, elle va pousser à consommer et avoir ainsi un impact positif sur l'économie globale. Une étude, réalisée en 2017, par le cabinet Deloitte pour l'AACC (Association des Agences Conseil en Communication), l'UDA (Union des Annonceurs) et l'UDECAM (Union des Entreprises de Conseil et d'Achat Media) a démontré qu'un euro investi en publicité a un impact positif de 7,85 euros sur le PIB de la France. Une enquête similaire, initiée par la WFA (World Federation of Advertising) à la même époque, note que l'investissement publicitaire au sein de l'Union Européenne (UE) a un impact multiplicateur de 7 sur l'économie globale.

Les différents objectifs de communication

Avant de déterminer les moyens d'action à mettre en œuvre, l'entreprise doit fixer clairement les objectifs à atteindre. Les objectifs de communication se définissent en trois principales catégories : cognitifs, affectifs et conatifs.

LES OBJECTIFS COGNITIFS (FAIRE SAVOIR)

Le mot cognitif vient du latin « *cognoscere* » qui signifie « connaître ». Le but est donc de faire savoir ou de faire connaître, c'est-à-dire créer de la notoriété pour l'entreprise, la marque ou le produit en partageant des informations pertinentes. Les résultats de la stratégie d'action seront évalués *a posteriori* à travers des études dites quantitatives.

LES OBJECTIFS AFFECTIFS (FAIRE AIMER)

Il s'agit là de valoriser l'image de l'entreprise ou de la marque, de la rendre sympathique, attrayante aux yeux des clients/consommateurs. Ce type d'objectif peut aussi correspondre à une volonté de combler un déficit d'image par rapport à la concurrence. L'efficacité de la campagne se mesurera grâce à la réalisation d'études qualitatives.

LES OBJECTIFS CONATIFS (FAIRE AGIR)

Ces objectifs sont axés sur le « faire agir ». Il s'agit de provoquer le passage à l'action, d'attirer le client vers un point de vente, de déclencher un « clic » sur Internet, de susciter une demande d'information... En d'autres termes, générer un comportement actif de la part de son audience. L'efficacité des actions menées et des stratégies mises en place se mesurera par l'augmentation du chiffre d'affaires, du nombre de followers, de likes sur les réseaux sociaux, du trafic en points de vente, du nombre de contacts générés, etc...

Les différents publics de l'entreprise

Une entreprise communique principalement pour influencer les comportements et les attitudes de ses différents publics. On peut regrouper ces publics en quatre grandes catégories selon le type de communication utilisée pour les toucher.

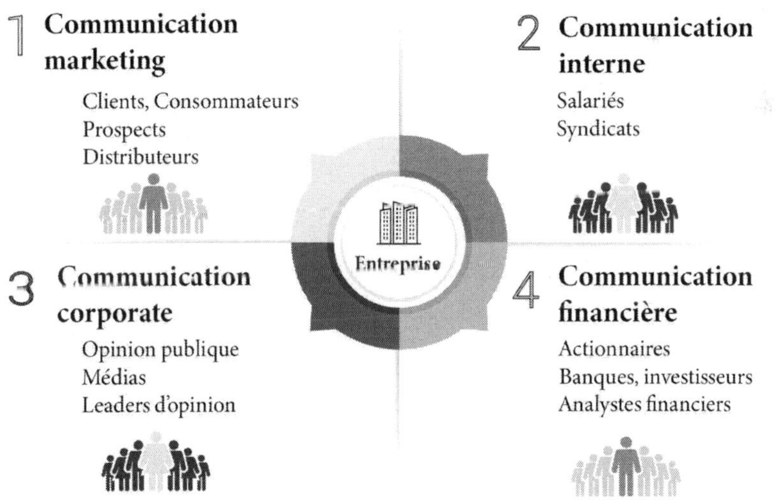

LA COMMUNICATION MARKETING (OU COMMERCIALE)

Elle s'adresse aux clients, consommateurs ou prospects de l'entreprise mais aussi à ses distributeurs. Elle a pour vocation de communiquer sur ce qu'offre l'entreprise c'est-à-dire ses produits ou ses services. On va distinguer : la communication produit qui concerne les performances du produit et la communication de marque qui concerne son positionnement, c'est-à-dire la place qu'elle doit occuper dans l'esprit du consommateur. Ce type de communication permet de nouer des liens forts et durables avec son audience.

LA COMMUNICATION INTERNE

Indispensable complément de la communication externe, la communication interne permet de fédérer les équipes, de renforcer leur sentiment d'appartenance et de les faire adhérer au projet d'entreprise afin de créer une culture commune.

LA COMMUNICATION CORPORATE (OU INSTITUTIONNELLE)

À l'inverse de la communication marketing, elle cible l'opinion publique et a pour objet de communiquer sur l'entité qui propose l'offre : ses valeurs, sa mission, son éthique... mais aussi ses performances économiques, techniques ou scientifiques. Les engagements en matière de développement durable ou de Responsabilité Sociétale de l'Entreprise (RSE) sont aujourd'hui devenus primordiaux pour des consommateurs-citoyens plus que jamais en quête de sens. Pour gagner la confiance de leurs clients et prospects, les entreprises de tous secteurs doivent valoriser leurs pratiques en matière de réduction de l'impact environnemental de leurs activités. Il est toutefois essentiel de soutenir cette communication par des exemples d'actions significatives et vérifiables afin de ne pas tomber dans le piège du greenwashing.

LA COMMUNICATION FINANCIÈRE

La communication financière a pour but d'informer différentes parties prenantes de l'entreprise sur sa santé financière. Elle cible plusieurs partenaires économiques : actionnaires actuels ou potentiels, analystes financiers, banques, investisseurs, presse spécialisée…

STORY

Patagonia, le modèle éthique

Pensée par l'Américain Yvon Chouinard, un passionné d'escalade et de randonnée, Patagonia s'est rapidement imposée comme précurseur en matière de responsabilité environnementale et sociétale. Dès 1957, lorsqu'il remarque que son matériel manque de solidité, le fondateur décide de fabriquer lui-même des mousquetons réutilisables. Il s'associe à Tom Frost, ingénieur en aéronautique et grimpeur chevronné, et ensemble ils développent une entreprise devenue le leader du matériel d'escalade aux États-Unis.

Production de pitons en aluminium qui respectent les parois rocheuses, création du système de « grimpe propre », de vêtements de randonnée et de sports de plein air... La marque enchaîne les innovations durables, tout en prônant un mode de vie éthique, rejetant la surconsommation et valorisant le « mieux consommer ». En 1986, la marque conforte son engagement en reversant 1 % de son chiffre d'affaires à des associations de protection de l'environnement. Ciblant une clientèle qui adhère à cette vision et à ces valeurs d'éco-responsabilité, Patagonia ira même jusqu'à diffuser une campagne de publicité demandant aux consommateurs de ne pas acheter ses produits avant d'avoir étudié d'autres possibilités plus écologiques.

En 2016, elle lance une action de communication mondiale sur le thème « *Better than new* » afin de sensibiliser les consommateurs sur le gaspillage textile et les inciter à réparer leurs vêtements plutôt que d'en acheter des neufs. Sur internet, une boutique baptisée WornWear permet aux clients de la marque d'acheter et de vendre en ligne des produits de seconde main.

En septembre 2022, Yvon Chouinard va jusqu'au bout de sa démarche éco-responsable en faisant don de son entreprise, alors valorisée 3 milliards de dollars, à un trust chargé de respecter les valeurs de la marque et à plusieurs associations environnementales qui bénéficieront de l'ensemble des profits. Une transmission fortement médiatisée car complètement inédite pour une entreprise de cette importance. L'authenticité de l'engagement de Patagonia au service de la protection de la planète et son storytelling inspirant ont permis de rassembler autour d'elle une large communauté de clients partageant les mêmes valeurs. La marque est ainsi devenue un modèle d'entreprise éthique et un emblème en matière de développement durable et de responsabilité sociétale.

CONSEILS D'EXPERT

10 conseils pour communiquer avec pertinence sur les engagements éco-responsables de votre entreprise

Par Michel Lévy, conseil en communication environnementale

Communiquer sur l'environnement et le développement durable est devenu un impératif pour les entreprises, quel que soit leur secteur d'activité. Cette communication permet notamment de rassurer et de convaincre trois parties prenantes essentielles de leur développement, à savoir les clients, les salariés et les investisseurs. Valoriser ses actions environnementales et sociétales est un atout stratégique majeur permettant à une entreprise ou à une marque de se différencier de la concurrence.

1. IDENTIFIEZ ET HIÉRARCHISEZ VOS ACTIONS ÉCO-RESPONSABLES

Achats responsables, réduction de l'empreinte carbone, éco-conception, implication dans les dynamiques réglementaires, autant de thèmes auxquels vos clients comme l'opinion publique sont de plus en plus sensibles. À vous d'identifier et de hiérarchiser ceux que vous allez mettre en avant, tout en développant des argumentaires pertinents.

2. OPTEZ POUR UNE COMMUNICATION POSITIVE

La communication éco-responsable doit être séduisante et positive afin de susciter empathie et intérêt. Concernant la réalisation des contenus, il convient d'opter pour des choix créatifs qui réduisent la perception anxiogène des risques. De la même manière, il est recommandé de s'abstenir d'utiliser un jargon technique ou des sigles incompréhensibles pour le plus grand nombre.

3. DÉVELOPPEZ DES SUPPORTS PÉDAGOGIQUES

Graphiques, illustrations, reportages valent mieux que de longs discours pour expliciter des mesures et des résultats techniques. Une lecture et une compréhension immédiates des indicateurs sont nécessaires pour rendre la communication la plus simple et la plus claire possible.

4. VALORISEZ VOS CERTIFICATIONS, RÉCOMPENSES OU LABELS

Une démarche responsable et durable est souvent validée par des organismes. Ces certifications ou labels attestent clairement que l'entreprise se soucie de son impact environnemental et de sa responsabilité sociétale. Ce qui constitue un véritable atout concurrentiel et permet de gagner la confiance de ses clients, salariés et partenaires.

5. SOYEZ ATTENTIF AUX SOUPÇONS DE « GREENWASHING »

Un plan marketing de croissance éco-responsable ambitieux doit démontrer plutôt que montrer, c'est-à-dire présenter des faits et des chiffres concrets plutôt que des intentions.

Quand le discours environnemental d'une entreprise n'est pas accompagné de preuves, celle-ci peut être accusée de « green-washing » et être dénoncée avec virulence sur les réseaux sociaux.

6. SOYEZ TRANSPARENT AVEC LES MÉDIAS, IDENTIFIEZ DES PORTE-PAROLES INTERNES

Une communication très régulière avec les médias permet d'anticiper les situations de crise, de maîtriser le discours et d'identifier les interlocuteurs. Dévoiler les méthodes d'évaluation et donner la parole aux experts internes permet de limiter le risque de perception d'arguments trompeurs.

7. RESPECTEZ LES PRINCIPES DE TRANSPARENCE, DE CRÉDIBILITÉ ET DE CLARTÉ

Les différentes informations sur les actions environnementales et sociétales de l'entreprise doivent être disponibles et facilement accessibles. La communication doit être adaptée aux différents publics auxquels l'organisation s'adresse en utilisant un langage compréhensible par tous. Elle doit aussi s'appuyer sur du concret, des éléments factuels et vérifiables.

8. COMMUNIQUEZ SUR TOUS LES CANAUX

L'ensemble des médias et canaux d'information auxquels l'entreprise a accès doivent être mobilisés pour transmettre, en temps réel, les messages valorisant ses actions éco-responsables. Parmi les supports de communication disponibles, certains sont à privilégier notamment les newsletters, réseaux sociaux, sites web, livres blancs, podcasts, rapports d'activité…

9. DÉMONTREZ L'ÉCO-RESPONSABILITÉ SUR TOUTE LA CHAÎNE DE VALEUR

Pour crédibiliser une stratégie éco-responsable, il faut aussi s'entourer de prestataires alignés sur votre démarche qui partagent le même niveau d'exigence que vous (approvisionnements, transport, stockage, gestion des déchets...). Il est indispensable d'être transparent sur les engagements environnementaux et sociétaux de tous les acteurs de votre supply-chain et les modalités de contrôle que vous avez mises en place.

10. ASSOCIEZ VOS COLLABORATEURS

Il est primordial d'impliquer vos équipes dans votre démarche RSE. Être associé au projet développe la fierté d'appartenance des collaborateurs qui deviennent alors de véritables ambassadeurs de votre marque. La communication peut aussi valoriser ceux qui sont investis, à titre personnel, dans des projets environnementaux ou sociétaux externes à l'entreprise.

« Si la légende est plus belle que la réalité, racontez la légende. »

John Ford

Chapitre 2

COMMUNIQUER POUR ÉMERGER

Un espace médiatique de plus en plus saturé

Dans la rue, dans les transports, au travail, sur notre téléphone ou à l'intérieur du domicile, la publicité est de plus en plus présente dans notre vie. Au quotidien, un individu se retrouve confronté à plus de 1 200 messages publicitaires, contre 200 dans les années 1980 (chiffres de Think With Google). Avec la multiplication du nombre de chaînes de télévision, de radios, de panneaux d'affichage et l'avènement du digital et des réseaux sociaux, les consommateurs sont chaque jour exposés aux messages et signaux de centaines de marques. Sont-ils prêts à percevoir et mémoriser tout ce flot d'informations ? Des études prouvent que face à plus de 1 000 messages quotidiens reçus, un individu ne pourra en percevoir que moins d'une centaine et n'en mémoriser qu'une dizaine au maximum... Et ce pour combien de temps ?

Capter l'attention de son public cible est donc devenu un défi de taille. Pour ce faire, les entreprises et les marques doivent à tout prix sortir du lot car chaque produit ou service se retrouve forcément noyé parmi des dizaines ou des centaines de concurrents similaires voire parfois identiques.

Pour se démarquer de la concurrence et émerger, il faut donc impérativement faire preuve de créativité et communiquer de manière différenciante. En matière de communication publicitaire, être créatif c'est renoncer à trop de prudence car celle-ci est synonyme de conformisme et limite donc la visibilité d'une campagne. Pour être remarqué dans un environnement publicitaire encombré, pour être vu et marquer les esprits, il faut privilégier l'audace à la sécurité.

ZOOM

Explosion du marché des mass médias et fragmentation des audiences

Parmi les six grands médias publicitaires que sont la presse, la télévision, la radio, l'affichage, le cinéma et internet, certains ont connu une véritable explosion de leurs offres lors des dernières décennies.

Au fil de ces 50 dernières années, l'augmentation constante du nombre de télévisions et de radios a notamment contraint les annonceurs à utiliser un plus grand nombre de supports. Dans les années 60, les téléspectateurs français n'avaient accès qu'à deux chaînes, la troisième ayant fait son apparition en 1972, suivie en 1984 par la première chaîne payante : Canal +. C'est plus tard, en 1986, qu'ils découvrent la 5 et M6. À la même période, les radios libres vont également s'imposer dans le paysage médiatique. Autre révolution : le lancement de la Télévision Numérique Terrestre (TNT) en mars 2005 qui permet de capter 30 chaînes supplémentaires. À ce jour, les Français ont accès à plus de 200 chaînes grâce aux box internet et aux paraboles satellite. Il faut également ajouter à cette offre le streaming et la télévision de rattrapage.

L'offre publicitaire a aussi été bouleversée par l'accélération des nouvelles technologies, la révolution du smartphone et plus généralement l'avènement du digital avec la multiplication des sites Internet, blogs et autres sociaux qui monopolisent l'attention de presque toutes les générations. Depuis 1997 et la création de Sixdegrees.com, considéré comme le premier véritable média social, le nombre de plateformes a littéralement explosé. En 2003, Myspace est lancé et devient le site de référence des adolescents branchés, à la même époque LinkedIn entre dans le jeu en ciblant les entreprises. En 2004, Mark Zuckerberg crée Facebook sur le campus d'Harvard. YouTube fait son apparition en 2005 et Twitter en 2006. En 2010, c'est au tour de Pinterest et d'Instagram de voir le jour, précédant Snapchat et Google Plus en 2011 puis Periscope en 2015. En 2016, l'application chinoise TikTok est lancée sur le marché mondial et devient vite le réseau préféré des ados.

En 2021, la part des dépenses liées à la publicité digitale est majoritaire dans le monde, atteignant 776,9 milliards de dollars. Elle représentait 57,1 % des dépenses publicitaires totales prévues en 2023 et 58,2 % en 2024 (Chiffres Dentsu Global Ad Spend Forecasts).

Les offres média étant de plus en plus importantes, les audiences se trouvent fragmentées. Dans un marché concurrentiel, le nombre croissant d'acteurs entraîne une diminution de la part de marché relative de chacun. Afin de maintenir un bon niveau de couverture et de répétition, les annonceurs sont souvent contraints d'augmenter le budget de leurs campagnes. De leur côté, les consommateurs sur-sollicités sont devenus extrêmement exigeants. Ils sont également plus à même de décrypter les méthodes de ventes et autres discours publicitaires.

Le modèle AIDA au service de l'efficacité publicitaire

Afin d'être vues, entendues et pour que l'on prête attention aux messages qu'elles véhiculent, les entreprises et les marques doivent communiquer différemment. Pour cela, il est impératif de mettre en pratique une des plus anciennes méthodes du marketing: le modèle d'action baptisé AIDA, acronyme de Attention, Intérêt, Désir et Action.

Cette méthode a été modélisée au début du XXe siècle par Elias St Elmo Lewis, un pionnier de la publicité qui souhaitait étudier et définir les grandes étapes par lesquelles passaient les prospects avant de devenir acheteurs. Aujourd'hui encore, ce modèle reste une référence absolue pour les marketeurs et les communicants, notamment en matière de publicité et de création de contenus pour le marketing digital.

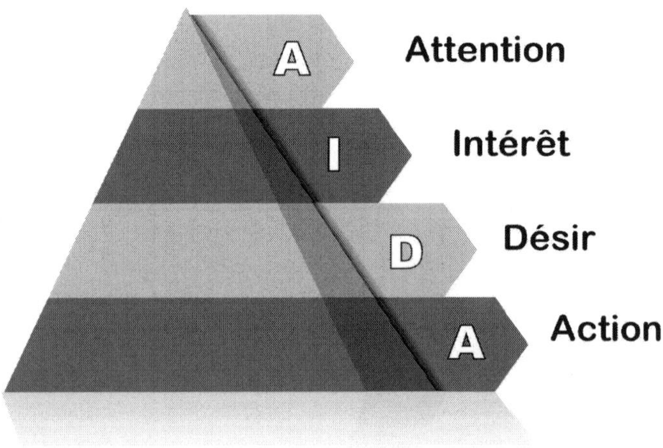

Les 4 phases du modèle AIDA :

- A pour « Attention / Awareness » : attirer l'attention sur le message
- I pour « Intérêt / Interest » : susciter l'intérêt de la cible
- D pour « Désir / Desire » : créer et entretenir le désir du produit
- A pour « Action » : convaincre de passer à l'action (achat)

ATTIRER L'ATTENTION

Tout se joue dans les premières secondes d'exposition au message. Un soin particulier doit être apporté pour que celui-ci attire l'attention. Sinon, la communication s'arrête là. Il est impératif de se démarquer, de surprendre, voire de déstabiliser son audience en jouant notamment sur le contenu et sur la forme du message à transmettre.

SUSCITER L'INTÉRÊT

Une fois l'attention captée, il s'agit de susciter l'intérêt pour le produit, le service ou l'expérience que l'on présente. Il faut convaincre de son utilité en développant une connexion entre le message délivré et le besoin auquel il va répondre. Pour cela, il est important de bien connaître sa cible et cerner ses besoins comme ses attentes. Le message doit être court et percutant, tout en présentant les caractéristiques du produit ou du service et en racontant une histoire qui sera porteuse d'émotions.

CRÉER ET ENTRETENIR LE DÉSIR

Une fois que l'intérêt a été suscité, il est temps de passer à l'étape ultime avant le déclenchement de l'action: celui du désir. Il convient alors de donner envie à notre cible de posséder le produit, profiter du service ou encore vivre l'expérience proposée. Mettre en avant ses bénéfices avec des arguments forts, rendre l'offre irrésistible. À cette étape, le fait d'agir sur le sentiment d'appartenance à une communauté, en mettant en avant des témoignages ou des avis de consommateurs, peut être un levier très puissant.

CONVAINCRE DE PASSER À L'ACTION

Une fois que chacune des étapes a été franchie chronologiquement, vient le passage à l'acte que l'on attend du consommateur: un achat ou toute autre action souhaitée comme un « clic », une inscription via un formulaire, un appel, une visite… Les « call to action » sont alors des facilitateurs pour transformer un désir en action concrète.

Du modèle AIDA au modèle AIDCAS

Créé il y a plus de 100 ans, le modèle AIDA ignore cependant des étapes devenues aujourd'hui incontournables dans le processus d'achat du consommateur. Un nouveau modèle est donc venu enrichir la méthode avec la prise en considération de deux nouvelles phases, la mise en confiance et la satisfaction, qui viennent étoffer le modèle originel pour mieux l'adapter aux nouveaux comportements de consommation.

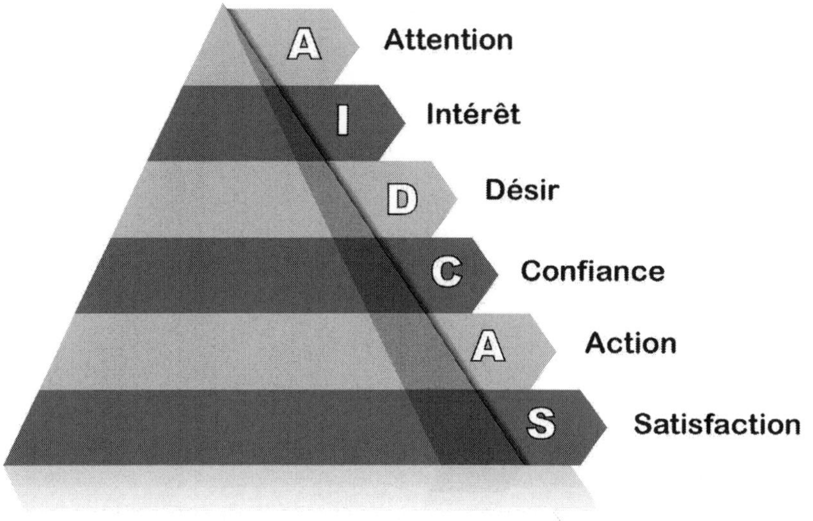

CONSTRUIRE LA CONFIANCE

Dans un monde très concurrentiel, lorsque le désir ne suffit plus, les entreprises ou les marques doivent en appeler à la « confiance ». Un facteur primordial avec l'avènement des réseaux sociaux qui permet de récolter et de mettre en avant de nombreux témoignages et avis de consommateurs. Dans le cas de marques reconnues, cette confiance sera acquise par leur notoriété et leur statut de référence dans leur secteur d'activité.

EXPRIMER LA SATISFACTION

Le cycle ne s'arrête plus à la phase « action », il faut le prolonger en provoquant des interactions avec le client. Pour que celui-ci devienne un prescripteur, un ambassadeur de la marque ou du produit proposé en exprimant sa satisfaction et en donnant publiquement son avis.

Pour se démarquer de la concurrence, une entreprise ou une marque peut agir sur plusieurs leviers d'action : le prix, le produit, le service, l'innovation ainsi que la communication. Partager ses valeurs est une manière de se différencier, tout en créant un univers inspirant. Cela permet d'instaurer un climat de confiance et de créer des interactions avec son public. Fédérer une communauté autour de valeurs communes développe un fort sentiment d'appartenance chez les consommateurs.

ZOOM

Geox, la chaussure qui respire

Alors qu'il fait une randonnée dans le désert du Nevada, l'Italien Mario Moretti Polegato souffre de la chaleur, en particulier au niveau des pieds. Il décide alors de perforer ses semelles pour les aérer. L'effet est immédiat même si le sable s'engouffre dans ses chaussures. Convaincu par la force de sa création, il peaufine l'aspect technique, dépose un brevet et crée son entreprise en 1995 pour commercialiser son idée. Le système D uniquement destiné à soulager des pieds douloureux est alors devenu une innovation majeure. L'entrepreneur va lui associer un concept et un slogan qui ont marqué les esprits et largement contribué au succès de sa marque : « La chaussure qui respire ». Cette idée apparemment saugrenue s'est avérée être un véritable coup de génie qui fera la différence pour donner naissance à un véritable mythe.

STORY

Moleskine : le carnet légendaire des artistes

« À l'instar des artistes avant-gardistes d'autrefois, les penseurs créatifs d'aujourd'hui ont également besoin d'outils polyvalents et adaptables pour laisser libre cours à leur imagination dans les rues, les cafés et au cours de leurs voyages » - Issu du site internet Moleskine

Selon le dictionnaire, le mot moleskine désigne une toile vernie recouverte d'un enduit et d'un vernis imitant le maroquin ou le cuir. En anglais, « *mole skin* » signifie littéralement « peau de taupe ». Mais Moleskine est également une marque de carnet avec une couverture enduite et fermée par un élastique, lancée avec succès en 1997 par l'entreprise italienne Modo & Modo.

Le carnet Moleskine se positionne comme l'héritier des carnets de notes et de croquis utilisés par de nombreux créateurs, auteurs et intellectuels des deux derniers siècles, tels que Vincent Van Gogh, Pablo Picasso, Ernest Hemingway, Henri Matisse ou encore Bruce Chatwin. La marque nous raconte ainsi l'histoire d'un carnet légendaire qui parcourt le monde depuis 200 ans, dissimulé dans la poche des plus grands artistes leur permettant de conserver précieusement toutes leurs idées.

Véritable icône de la culture Pop, il est devenu le compagnon de voyage indispensable des femmes et des hommes en quête d'outils au service de leur créativité.

« Tous les marketeurs sont des menteurs : tant mieux, car les consommateurs adorent qu'on leur raconte des histoires. »

Seth Godin

Chapitre 3

LE STORYTELLING, ART DU RÉCIT

Depuis la nuit des temps, l'Homme a toujours raconté des histoires pour transmettre à ses semblables des expériences, des connaissances ou des émotions. Depuis les peintures rupestres de l'homo sapiens, notamment destinées à enseigner des techniques de chasse aux générations futures, jusqu'aux messages publicitaires actuels, ces narrations ont marqué les époques et surtout les esprits. Définies dans le dictionnaire comme « des récits portant sur des événements ou des personnages réels ou imaginaires, et qui n'obéissent à aucune règle fixe », les histoires ont aussi permis aux humains de donner du sens à leur existence. Les Écritures des principales religions reposent sur des récits qui permettent aux croyants de s'imprégner de la parole divine. Car les histoires ont un remarquable pouvoir, celui de rendre concrètes des idées au départ plutôt abstraites. Les humains ont donc depuis toujours utilisé le récit pour partager une morale et des règles de vie en communauté.

Comme l'affirme le philosophe et sémiologue français Roland Barthes, « le récit est présent dans tous les temps, dans tous les lieux, dans toutes les sociétés ; le récit commence avec l'histoire même de l'humanité ; il n'y a pas, il n'y a jamais eu nulle part aucun peuple sans récit, toutes les classes, tous les groupes humains ont leurs récits, et bien souvent ces récits sont goûtés en commun par des hommes de cultures différentes, voire opposées... »*

De l'art du récit au storytelling

Dès les années 70-80, l'art du récit s'invite également dans la communication politique, en particulier aux États-Unis, avant d'être largement utilisé par les publicitaires avec l'avènement de la société d'hyperconsommation. Si ceux-ci se sont emparés de cette pratique pour la mettre au service des marques, c'est qu'elle représente un moyen très efficace d'attirer l'attention et de captiver une audience. Une histoire mobilise tous les sens et agit sur les émotions. L'art du récit permet aussi de donner du sens aux actions et aux faits. Développés sous cette forme, les messages ont beaucoup plus d'impact qu'une énumération de réalités objectives.

---

* *Roland Barthes, Introduction à l'analyse structurale des récits, Éditions Points, 1966.*

Cette technique consistant à utiliser les codes du récit pour transmettre des idées, des expériences ou des émotions va être baptisée storytelling par les Anglo-Saxons. Le principe consiste pour l'entreprise à raconter une histoire qui séduit le consommateur et dans laquelle il peut se projeter. L'objectif est, d'une part, de marquer les esprits et, d'autre part, de se différencier de la concurrence tout en amenant la cible à s'identifier aux valeurs de la marque.

Les recherches en neuro-marketing confirment que les émotions impactent particulièrement la mémoire et la prise de décisions. Le public a donc beaucoup plus de chance de retenir et de soutenir un concept ou une idée lorsque sa présentation s'appuie sur l'émotionnel. La description purement factuelle d'un produit ou d'un service ne suffit pas, il convient de l'associer à une narration percutante et accrocheuse pour susciter l'adhésion.

Le storytelling, pilier du marketing

En matière de communication narrative, l'Américain Seth Godin est une référence incontestable. Fondateur de l'entreprise Yoyodyne, lancée dans les années 90, l'entrepreneur imagine alors des campagnes de promotion innovantes pour de grands groupes en quête de nouveauté. Sa société rencontre un immense succès, à tel point que Yahoo! la rachète pour 30 millions de dollars, et le nomme vice-président en charge du marketing. Surmédiatisé, il multiplie les publications et les conférences dans le monde entier. Sa théorie fait l'unanimité et il est élevé au rang de pape du marketing. Ce qu'il explique est simple : pour vendre un produit ou un service, il convient de vendre l'histoire qui va avec.

Selon Seth Godin, les marketeurs sont des menteurs mais des menteurs à part parce que leurs histoires agrémentent nos vies. « Ils mentent parce que les consommateurs le leur demandent. Ils racontent des histoires que les consommateurs acceptent (ou non) de croire… Certaines histoires aident les gens à se surpasser, à jouir pleinement de leur existence et parfois à vivre plus longtemps. »

Parler à des consommateurs en quête de sens

En matière de narration, il est également primordial d'apporter un bon dosage entre raison et émotion. Une histoire doit parler au cœur et à la tête. Un bon récit doit permettre de donner du sens à quelque chose qui n'en a pas forcément. Comme, par exemple, justifier une décision d'achat dans une période où la surconsommation a des effets dévastateurs, notamment sur l'environnement ou l'équilibre sociétal. Devenue statutaire, la consommation est désormais un acte de reconnaissance sociale. On consomme trop souvent de façon impulsive et irréfléchie, privilégiant un plaisir éphémère à la nécessité ou au réel besoin.

Selon l'auteur et chercheur français Christian Salmon*, le storytelling consiste à construire consciemment des croyances destinées à nourrir des consommateurs en manque de repères et profondément en quête de sens.

Par ailleurs, les bonnes histoires doivent faire participer ceux qui les reçoivent. Elles servent à conforter les croyances des

* *Christian Salmon, Storytelling : La machine à fabriquer des histoires et à formater les esprits, Éditions La Découverte, 2007.*

consommateurs et doivent coïncider avec la vision du monde de ces derniers. Seth Godin raconte, par exemple, comment les fabricants de céréales, sans modifier leurs produits, sont passés d'une publicité prônant le « bon goût sucré », et donc le plaisir gustatif que peuvent procurer ces gourmandises, à un récit autour d'ingrédients naturels aux bienfaits majeurs pour la santé. Cette nouvelle narration répond aux attentes des parents et les conforte face aux valeurs nouvelles liées aux besoins nutritionnels des plus jeunes. Pour les marques, il convient donc de vendre aux consommateurs l'histoire dont ils rêvent, sans en faire trop ou pas assez. Il est donc impératif de trouver le levier qui va interpeller et fédérer une communauté autour d'une aspiration commune, en cohérence avec l'offre proposée.

STORY

Shéhérazade ou l'art de raconter des histoires…

Il était une fois un homme, nommé Shahryar, roi de Perse. Il régnait sur un territoire gigantesque et avait une magnifique femme qui faisait tourner la tête de beaucoup d'hommes. Un jour, elle trompa Shahryar avec un esclave. Quand il l'apprit, fou de rage, il fit exécuter sa femme sur-le-champ, puis se mit à réfléchir. Si sa femme l'avait trahi, toutes les femmes feraient de même. Il les considéra toutes comme perfides, menteuses et indignes de confiance. C'est ainsi qu'il mit en place un système de vengeance : chaque soir, il épouserait une femme vierge… Et au matin de la nuit de noces, il la ferait exécuter.

Cette vengeance dura longtemps. Si longtemps qu'un jour, la fille aînée du grand vizir, Shéhérazade, en eut assez. Elle se porta volontaire pour faire cesser le massacre, et mit au point un stratagème. Ainsi, le soir venu et juste après son mariage, elle raconta au roi une histoire haletante, palpitante, trépidante en s'abstenant de la terminer. Voulant à tout prix connaître la suite, le roi décida de lui laisser la vie sauve, une journée de plus. Le lendemain matin, le roi pria Shéhérazade de lui raconter la fin de l'histoire. Ce qu'elle fit. Mais dès qu'elle termina son récit, elle en raconta une nouvelle. Une fois encore, le roi fut captivé. Et une fois de plus, Shéhérazade ne termina pas son histoire. Le roi lui laissa à nouveau la vie sauve pour connaître la fin. Ce stratagème dura mille et une nuits au bout desquelles le roi renonça à l'idée de tuer son épouse. Ancrée dans l'imaginaire collectif, y compris pour ceux qui n'ont pas forcément lu ce conte millénaire, l'histoire de Shéhérazade illustre parfaitement ce que représente la force de l'art narratif et le storytelling.

ZOOM

Nike, le héros triomphant

Depuis sa création en 1971, la marque s'est associée avec les plus grands sportifs comme Michael Jordan, Tiger Woods, Rafael Nadal ou encore Cristiano Ronaldo. Au-delà de simples valeurs sportives, Nike véhicule une vision qui passe par le courage, l'effort et la persévérance, avec un slogan simple mais efficace: «*Just do it*».

Comme d'autres entreprises, l'équipementier sportif a fondé son identité de marque à partir de références datant de l'Antiquité. Son nom vient de la divinité Niké, déesse ailée de la victoire et du triomphe dans la mythologie grecque. Son logo, la célèbre virgule est d'ailleurs une référence aux ailes de la déesse. Le choix de la mythologie n'est pas anodin, il permet à la marque de s'inscrire sur un socle de références communes et de représentations imaginaires partagées. Nike est la marque de la victoire et du dépassement de soi dans n'importe quelle situation. Elle invite ses consommateurs à se surpasser, à ne jamais renoncer en leur racontant une histoire vieille de plusieurs millénaires, celle du héros qui surmonte toutes les difficultés, se bat contre un ennemi toujours redoutable, que ce soit son adversaire ou ses propres limites, et finit par triompher.

Pour la marque, les combats d'aujourd'hui ne sont plus uniquement sportifs, ils sont également sociétaux. En 2013, Nike s'est engagé en soutenant le footballeur américain Colin Kaepernick, un des pionniers du mouvement *Black Lives Matter* qui fut mis à l'écart de son équipe suite à différentes actions de protestation, notamment en mettant un genou au sol durant l'hymne américain. Dans cette campagne publicitaire célèbre, le quarterback est associé au slogan: « *Believe in something. Even if it means sacrificing everything* ». Ce qui signifie en français: « Crois en quelque chose. Même si cela implique de tout sacrifier ».

CONSEILS D'EXPERT

Les 10 règles d'or d'une histoire impactante

Par Bernard Deloupy, coach littéraire et auteur de nombreux livres dont *La bible de l'apprenti-auteur* (Armand Colin).

L'humanité ne se distingue du reste du monde animal que parce qu'elle se raconte, et ce depuis la préhistoire. L'analyse des grands mythes qui ont traversé les temps et les continents, permet d'identifier les raisons de leur succès. Les histoires forment des représentations visuelles qui se transforment en images mentales. Les progrès récents des neurosciences, grâce aux techniques d'imagerie cérébrale par résonance magnétique fonctionnelle, nous apprennent que les informations issues du récit sont durablement stockées dans la mémoire à long terme, puis rapidement rappelées à notre bon souvenir.

1. TOUCHEZ À L'UNIVERSALITÉ

L'inconscient collectif de votre audience est nourri d'archétypes intemporels que Carl Jung a bien identifiés. Créez donc une intrigue qui convoque l'un des mythes fondamentaux de l'humanité : la quête, l'évasion, le sauvetage, le récit initiatique, l'ascension, la découverte, l'amour, la rivalité, la liberté, la solidarité… Ces concepts sont à la base de beaucoup d'histoires à succès.

2. MOBILISEZ LES SENS ET LES ÉMOTIONS DE VOTRE PUBLIC

Un récit impliquant ouvre le cœur, ré-enchante, séduit, convainc, transmet, apporte un supplément d'âme au discours. Il donne corps à la représentation verbale, cimente les valeurs partagées et influence les perceptions. L'émotion est le principal levier de l'action et le premier facteur d'une mémorisation durable.

3. CRÉEZ DU RÊVE

La foule sentimentale a soif d'idéal, comme le dit une célèbre chanson. Faites-la vibrer en l'extirpant de la glaise du quotidien. Comme Walt Disney qui a su parler à notre âme d'enfant, empruntez les codes des récits merveilleux que proposent depuis la nuit des temps légendes, mythes, épopées, science-fiction, fantastique et magie.

4. INSCRIVEZ-VOUS DANS UNE VISION COLLECTIVE

Votre histoire marquera durablement son audience si elle se sent intégrée dans une communauté dont elle est partie prenante et dont elle partage les valeurs comme, par exemple, la prise de conscience écologique.

5. IMPLIQUEZ VOTRE AUDIENCE

Mettez en scène un personnage central inoubliable et affichez une proximité avec votre cible qui se l'appropriera en s'identifiant à lui. Cette communauté de vues la fera adhérer à votre discours.

6. DONNEZ ENVIE

Votre narratif doit attiser la curiosité du public, le tenir en haleine, le faire réagir par un dialogue muet entre votre récit et lui. Faites appel pour cela aux leviers dramatiques qui font le succès des romans « tourne-pages ». Sachez aussi entretenir une tension dramatique en maintenant le suspense, en créant de l'incertitude ou des rebondissements.

7. SOYEZ SINCÈRE

L'audience sentira si votre récit est une simple posture cherchant à créer une émotion artificielle. Puisez dans votre propre vécu émotionnel pour chercher en vous ces mots qui expriment mieux que votre mental l'intégrité de votre démarche.

8. PARLEZ AU « CERVEAU GLOBAL »

Votre public représente une large palette de préférences cérébrales. Pour ne vous couper d'aucune cible, votre récit doit s'adresser aux deux hémisphères du cerveau : le gauche, siège du cognitif, du langage, de la raison, de la démonstration, de l'analyse et de la mémoire ; et le droit, siège des émotions, de la synthèse, de la sensibilité et de l'attention.

9. SOIGNEZ LA CHUTE

Pour rendre une histoire mémorable et marquer durablement les esprits, le dénouement se doit d'être surprenant, inattendu, déconcertant, voire totalement imprévisible. Le public sera reconnaissant au narrateur d'avoir respecté ce pacte tacite élaboré, entre eux, dès l'origine : un intérêt partagé. Le storytelling d'entreprise ou de marque n'a toutefois pas vocation à se terminer comme un livre ou un film mais plutôt comme une bonne série laissant le spectateur dans l'attente de la saison suivante.

10. INCITEZ À PARTAGER

De même qu'un roman à succès est celui qui se recommande de bouche à oreille entre lecteurs, un storytelling réussi est celui qui sera largement relayé dans sa communauté. Or l'envie de partage d'une histoire repose sur plusieurs facteurs qui auront touché son destinataire et qu'il éprouvera en commun avec son entourage : son originalité, son caractère impliquant, son humour, le bien qu'elle procure, la valeur qu'elle porte, la morale qui s'en dégage…

« Les hommes ne sont pas idéalement conçus pour comprendre la logique, ils sont idéalement conçus pour comprendre les histoires. »

Roger Schank

Chapitre 4

RACONTER UNE HISTOIRE POUR MARQUER LES ESPRITS

Les histoires donnent du sens et sont faciles à partager. Plusieurs études l'ont démontré : pour marquer durablement les esprits, les entreprises et les marques doivent préférer un récit à une énumération de faits ou de caractéristiques. Professeur à l'Université d'Harvard, durant plus de 25 ans, le psychologue américain Jerome Seymour Bruner fut, dans les années 50, un pionnier de ce qu'on a appelé la « révolution cognitive ». Ses travaux ont prouvé que les histoires stimulent les émotions, favorisent l'attention et la mémoire ainsi que la prise de décision. Selon lui, le cerveau a une immense capacité de perception de l'information quand celle-ci est présentée sous une forme narrative. Les recherches du professeur Bruner ont permis de faire évoluer les méthodes pédagogiques en les associant à l'art du récit.

Pourquoi les histoires facilitent-elles la mémorisation ?

D'abord, parce que les histoires donnent du sens. Et réfléchir au sens aide à la mémorisation. Quand l'information est présentée selon les codes de la narration, elle devient plus intéressante, plus facile à comprendre, plus simple à retenir et à restituer. Nous comprenons d'autant plus facilement les histoires que nous connaissons la structure selon laquelle elles sont construites et que nous savons généralement à quoi nous devons nous attendre.

Ensuite, parce que les histoires communiquent des émotions qui elles-mêmes stimulent nos fonctions cognitives. Elles permettent d'entrer dans la peau des protagonistes et donc de ressentir ce qu'ils ressentent. Positives ou négatives, les émotions vécues favorisent le processus de mémorisation (cf chapitre 5).

Enfin, parce les histoires captent l'attention de l'auditoire. Tout le monde souhaite connaître la fin d'un récit, à l'instar de Shahryar, le roi de Perse du conte des Mille et une nuits. L'histoire permet également une plus grande implication des auditeurs qui deviennent mentalement très actifs en essayant continuellement d'émettre des hypothèses pour en anticiper la suite, voire l'épilogue.

L'HISTOIRE AU SERVICE DU DISCOURS DE MARQUE

Les consommateurs d'aujourd'hui attendent des marques qu'elles leur racontent de belles histoires. Ils recherchent des entreprises dont l'activité et les engagements participent à l'avènement d'un monde meilleur, éthique, durable et solidaire. Les marques les plus influentes sont désormais celles dont le choix de positionnement donne du sens à leur existence et à celle de leurs clients. Selon Christian Salmon, « les gens n'achètent pas des produits, mais les histoires que ces produits représentent. Pas plus qu'ils n'achètent des marques, mais les mythes et les archétypes que ces marques symbolisent. »*

Avec le storytelling, le consommateur va pouvoir s'identifier à une marque grâce à des personnages ou à des événements vécus. Les émotions ressenties vont le rendre plus sensible aux messages. « Les gens oublieront ce que vous avez dit, ils oublieront ce que vous avez fait, mais ils n'oublieront jamais ce que vous leur avez fait ressentir », écrivait Maya Angelou, poétesse et militante américaine pour les droits civiques.

En activant l'imaginaire de chacun, et plus précisément certaines constructions narratives pré-existantes dans nos esprits, à l'image des mythes et autres légendes, un récit accrochera de manière plus forte son audience et captera toute son attention. Les histoires rendent concrets et mettent en scène des éléments figuratifs, rapidement identifiables et compréhensibles. En ce sens, elles ont l'avantage d'humaniser les

---

* *Storytelling : La machine à fabriquer des histoires et à formater les esprits, Christian Salmon – Éditions La Découverte - 2007.*

messages d'une entreprise ou d'une marque, et de donner à ses valeurs une forme explicite.

COCA-COLA VS PEPSI : UNE PRIME À LA NOTORIÉTÉ ET À L'IMAGE

Un test mené par Read Montague*, neuropsychologue à l'Université Baylor au Texas, a prouvé que si les consommateurs ont une préférence pour le goût du Pepsi, ils vont tout de même favoriser Coca-Cola. En effet, 67 % des individus ont déclaré préférer Pepsi lors du test à l'aveugle. Mais dans un second temps, lorsqu'ils ont testé les boissons en connaissant leur marque : 75 % déclarent préférer Coca-Cola. Le chercheur a également étudié à l'aide d'un scanner IRM les zones du cerveau activées durant l'étude. Si l'on se fie à l'activité de la zone du cerveau liée au goût, les amateurs de Pepsi réagissent cinq fois plus que les amateurs de Coca-Cola. Cependant, lorsque les personnes testées savaient ce qu'elles buvaient, la zone du cerveau associée à la réflexion devenait très agitée, beaucoup plus que la zone du goût. D'après Montague cela prouve que la force du storytelling du géant américain, son image, ses publicités devenues iconiques et son statut ont plus d'impact que le simple goût de la boisson gazeuse.

* *Sam McClure, Jian Li, Damon Tomlin, Kim Cypert, Latané Montague et Read Montague, « Neural Correlates of Behavioral Preference for Culturally Familiar Drinks », Neuron (2004).*

ZOOM

Save the Children : quand le storytelling affectif éveille les consciences

Dans le cadre d'une expérience, menée en 2004, Deborah Small, professeur au département marketing de l'Université Carnegie Mellon, et deux de ses collègues George Loewenstein et Paul Slovic, ont sollicité un groupe d'individus afin d'effectuer un don à l'association caritative Save the Children. Pour cela, ils ont présenté une série d'éléments permettant de prouver l'existence de situations alarmantes en Afrique : 3 millions d'enfants du Malawi subissant une pénurie alimentaire ; une chute de 42 % de la production de maïs zambien en raison des déficits pluviométriques ; 4 millions d'Angolais, soit le tiers de la population, contraints de fuir leur domicile et 11 millions d'Éthiopiens nécessitant une aide alimentaire d'urgence.

Ensuite, ils ont sollicité un second groupe, avec une communication différente : « Tout l'argent que vous donnerez bénéficiera à Rokia, une petite fille de 7 ans qui vit au Mali, en Afrique. Rokia est désespérément pauvre et doit faire face à la faim, voire à la famine. Votre don améliorera son existence. Grâce à votre aide, et celle d'autres donateurs, Save the children travaillera avec la famille de Rokia et d'autres membres de sa communauté pour qu'elle puisse se nourrir, aller à l'école, obtenir les soins médicaux dont elle a besoin et apprendre l'hygiène ».

Les individus du premier groupe ont donné en moyenne 1,14 dollar. La somme s'élève à 2,38 dollars dans le second groupe, soit plus du double. Ce qui prouve qu'une histoire véhicule davantage d'émotions que des chiffres et des statistiques.

Les trois chercheurs ont finalement ajouté une troisième phase à leur expérience. Un nouveau groupe a été sollicité, avec un document intégrant à la fois les éléments factuels et l'histoire de Rokia. La moyenne des dons obtenus plafonne à 1,43 dollar, mieux qu'avec les seules statistiques, mais très inférieure au résultat obtenu indépendamment avec le récit.

En conclusion, si une communication mise à la fois sur le factuel et l'émotionnel, une part s'adresse à la « tête », tandis que l'autre s'adresse au « cœur ». Il y a bien deux effets, mais ils sont diminués. Dans un cadre caritatif, le storytelling affectif gagne donc à être exclusif.

ZOOM

Evian ou la Fontaine de jouvence

Dans le marché très concurrentiel des eaux minérales, Evian est la référence incontestable en matière de storytelling réussi. La marque a choisi d'axer sa communication autour du mythe de la Fontaine de jouvence et de la quête de jeunesse éternelle. Une légende qui parle à l'imaginaire collectif et qui correspond parfaitement aux attentes et préoccupations actuelles des consommateurs.

Bien décidée à marquer les esprits, Evian choisit de revendiquer son positionnement d'eau minérale source de jouvence avec une publicité lancée en 1998 et devenue culte : le ballet aquatique des bébés nageurs. Une manière d'aborder, au second degré, un autre thème fort pour la marque : la jeunesse est d'abord un état d'esprit. D'autres grands succès publicitaires vont suivre comme la série de portraits d'adolescents, adultes ou seniors, filmés dans des scènes de leur vie quotidienne et chantant le tube de Queen *We will rock you* avec leur voix d'enfant. Des clips incitant à boire chaque jour de l'eau d'Evian pour entretenir la jeunesse de son organisme.

La marque adopte ensuite un nouveau slogan à l'international : « *Live young* » (Vivez jeunes) qui remplace la signature précédente « Déclarée source de jeunesse par votre corps ». Pour l'accompagner, elle lance un film destiné exclusivement au web : le célèbre spot des bébés-rollers. Devenue culte, cette vidéo qui a totalisé plus de 45 millions de visionnages, en date du 9 novembre 2009, sur la la plateforme YouTube est entrée dans le Livre Guinness des records.

En 2020, Evian fait évoluer son positionnement, associe son bénéfice santé à la protection de l'environnement naturel et opte pour une nouvelle signature de marque : « Evian. Protégeons la vie à sa source ».

STORY

Châteldon, l'eau des rois

Issue d'une source dans le Puy-de-Dôme à une vingtaine de kilomètres de Vichy, cette eau aux fines bulles, vendue dans les restaurants et distribuée en épiceries fines a su se différencier grâce à son positionnement haut de gamme avec pour cible principale les gastronomes. La marque Châteldon s'est appropriée un épisode de l'histoire de France pour se démarquer et écrire la sienne. Elle propose aux consommateurs de servir à leur table l'eau minérale qui avait les faveurs des rois Louis XIV et Louis XV et était livrée à Versailles dans des bonbonnes, transportées à dos d'ânes depuis l'Auvergne.

Propriété du groupe Neptune depuis 1993, la marque a complètement axé son packaging et sa communication commerciale sur Louis XIV, le Roi-Soleil. « Il est dit que les eaux de Châteldon guériraient parfois sa Majesté, la soulageraient souvent et la consoleraient toujours », aurait dit le docteur Desbrest, conseiller de Louis XV. Cette citation, reprise sur les étiquettes des bouteilles, participe au prestige d'une eau minérale rare qui affiche une production de 3 millions de bouteilles par an, soit l'équivalent journalier d'autres marques célèbres et qui se positionne comme un grand cru. Aucune archive n'atteste formellement que Louis XIV et Louis XV consommaient de l'eau de Châteldon mais la légende l'a toujours affirmé. La marque a donc pris le parti de raconter la légende avec le succès que l'on sait.

« Au commencement était l'émotion. »

Louis-Ferdinand Céline

Chapitre 5

LE POUVOIR DES ÉMOTIONS

Émotion (n.f) : Trouble subit, agitation passagère causés par un sentiment vif de peur, de surprise, de joie...
(Larousse langue française)

Par définition, une émotion est donc une réaction affective d'assez grande intensité. Le mot provient d'ailleurs de l'ancien français « motion » qui signifie : mouvement. Les émotions sont des réactions psychologiques et physiques qui nous « mettent en mouvement » et qui sont largement responsables de nos actions. En effet, nos choix et nos prises de décision ne sont jamais le résultat d'un processus purement rationnel mais se basent essentiellement sur les émotions et les expériences vécues. De nombreuses études ont d'ailleurs démontré l'importance de la dimension émotionnelle dans les comportements de consommation. Et les entreprises ont compris depuis longtemps que les décisions du consommateur étaient régies par les émotions plus que par la raison. Dans cette logique, le marketing émotionnel vise à créer un lien durable entre les marques et leurs clients ou prospects afin de les séduire et de les fidéliser.

On distingue, d'une part, les émotions primaires des émotions secondaires, et d'autre part, les émotions positives des émotions négatives. Il existe six émotions primaires à savoir la peur, la joie, le dégoût, la tristesse, la colère et la surprise ainsi que des émotions dites secondaires comme la culpabilité, la honte ou encore la nostalgie. Chacune d'entre elles a la capacité de marquer les esprits de manière plus ou moins prononcée.

Au cinéma et à la télévision, ce sont les histoires qui génèrent un maximum d'émotions différentes qui représentent les plus gros succès d'audience. Un blockbuster va réunir à l'écran une histoire d'amour, des rebondissements mélodramatiques, du suspens et parfois quelques scènes effrayantes. En déclenchant le plus d'émotions possibles, ces films provoquent un engagement puissant et marquent les esprits.

À travers une étude menée par Iligo pour AOL et portant sur l'impact émotionnel de la publicité sur les consommateurs, il a clairement été démontré que les émotions sont au cœur des enjeux de l'efficacité publicitaire. Cette étude innovante a combiné : mesure passive des 6 émotions via la reconnaissance faciale par webcam et mesure déclarative avec indicateurs de performance. Pour ce faire, 300 personnes ont été exposées à des vidéos publicitaires diffusées en 2016 par des annonceurs français et internationaux, issus de secteurs variés.

Les résultats sont riches en enseignements, notamment concernant 3 points fondamentaux :

- Si le message publicitaire est vecteur de bonheur, le spot publicitaire a plus de chance d'être visionné en entier. **Les émotions ont donc la capacité d'optimiser le taux de complétion.**

- Plus l'émotion générée est forte, plus le consommateur va la mémoriser. Et cela quel que soit le type d'émotion ressenti. **Il existe ainsi un lien puissant entre émotion et mémorisation.**

- Enfin, l'émotion la plus représentée dans 46 % des cas étudiés est la joie. **La joie est ainsi le premier « moteur émotionnel ».**

IMPACT ÉMOTIONNEL DES PUBLICITÉS SUR LES CONSOMMATEURS

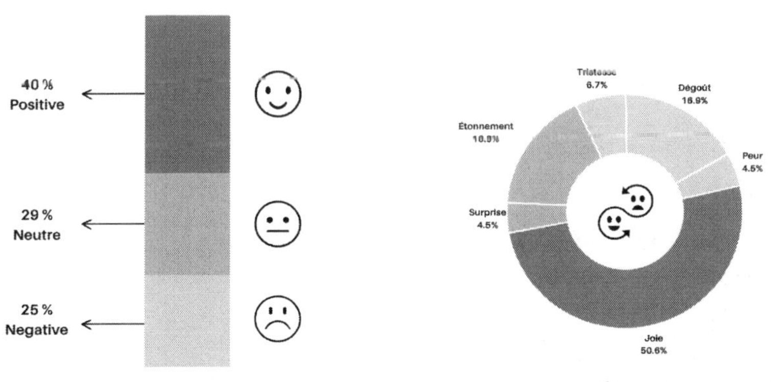

Étude iligo - AOL - 2017

LA JOIE, UNE INVITATION AU BONHEUR DE CONSOMMER

Les marques se sont largement emparées de l'univers émotionnel de la joie et du bonheur qu'elles retransmettent dans leurs messages publicitaires au travers des notions de partage, de création du lien social... Le produit ou le service vendu devient « une source de joie » et se place ainsi au centre des émotions. Le fait de l'obtenir, de le détenir et éventuellement de le partager est en soi un moteur émotionnel. Le géant américain Coca-Cola a depuis longtemps préempté ce territoire de communication, allant même jusqu'à choisir, à une époque, la signature de marque « *Open Happiness* ». Tout comme la marque française Hollywood Chewing Gum qui a construit son identité sur le rêve américain et les valeurs de fraîcheur, bien-être, gourmandise et bonheur. De la même manière, l'humour est un levier émotionnel très puissant. En faisant rire ou sourire son public, et donc en lui procurant un sentiment de joie, la marque capte son attention et crée un rapport de connivence avec lui.

LA NOSTALGIE POUR RASSURER ET IDÉALISER LE PASSÉ

Plébiscitée par des marques référentes comme Bonne Maman ou La Laitière, la nostalgie est un refuge qui permet de faire revivre une époque révolue et parfois regrettée. Dans le cas de ces grands noms du secteur de l'alimentaire, la communication prône simplement le retour aux origines du goût. De nombreuses autres marques s'efforcent également de faire vivre aux consommateurs cette émotion rassurante qui donne parfois l'impression que le temps s'est arrêté. À l'image des enceintes Marshall au design rétro ou des boulangeries artisanales Poilâne. L'utilisation de ce vecteur émotionnel permet donc d'influencer la consommation d'aujourd'hui en s'appuyant sur les valeurs d'un passé idéalisé. De leur côté, les supermarchés ont fait en sorte de renouer avec d'anciennes pratiques du petit commerce : épicerie en vrac, produits à la coupe, pain cuit sur place, etc.

LA PEUR, MOTEUR D'IMPLICATION

Cette émotion laisse toujours une forte empreinte émotionnelle. Elle est ressentie à travers tout le corps, elle accélère le rythme cardiaque, coupe le souffle... Elle touche profondément et engage donc le consommateur. Ce qui permet une mémorisation très rapide, presque instinctive. C'est une émotion que l'on retrouve le plus souvent dans des campagnes de prévention sur différents thèmes, notamment la sécurité routière ou sanitaire.

LE DÉGOÛT OU L'INDIGNATION POUR CHOQUER ET SENSIBILISER

C'est une réaction négative et une émotion qui rappelle celle de la colère tout en étant plus impulsive et spontanée. Elle permet de faire épouser une cause en se plaçant du bon côté de la morale. L'indignation est une émotion frontale qui invite le public à s'insurger et à s'engager.

LA SURPRISE POUR MARQUER LES ESPRITS

Généralement brève, cette émotion s'estompe rapidement pour laisser place à une seconde émotion. S'il s'agit d'un danger, la peur peut s'installer. Dans le cadre d'une bonne nouvelle, c'est la joie qui va prendre le relais. Les marques qui parviennent à transmettre des émotions par le facteur surprise seront à même de focaliser l'attention sur leur message et de favoriser sa mémorisation. À Londres, en avril 2015, dans le quartier branché de Shoreditch, la marque danoise Carlsberg a surpris les habitants en équipant un panneau publicitaire mural d'une tireuse à bière avec la mention « *Probably the best poster in the world*[*] », une phrase qui détourne leur slogan officiel : « *Probably the best beer in the world*[**] ». D'abord étonnés, les gens ont rapidement fait la queue pour s'offrir une bière gratuite, et l'image de cette action devenue virale a durablement marqué les esprits.

LA TRISTESSE, CRÉATRICE D'EMPATHIE

Cette émotion doit être utilisée avec prudence, et il est impératif d'utiliser le bon dosage pour ne pas provoquer l'ennui. La tristesse permet de créer de l'empathie. En provoquant un lien émotionnel avec les consommateurs, on provoque ainsi un questionnement intérieur : « Et si c'était à nous que ça arrivait ? ». Ce vecteur émotionnel permet d'interpeller, de sensibiliser et d'émouvoir, mais en prenant garde de ne pas provoquer un rejet.

* *Probablement la meilleure affiche au monde*
** *Probablement la meilleure bière au monde*

STORY

Coca-Cola : la boisson du bonheur

Créée au XIXe siècle par le pharmacien John Pemberton dans l'État américain de Géorgie, la recette du Coca-Cola est un secret industriel, quasi militaire, qui serait précieusement gardé dans les sous-sols d'une banque d'Atlanta, actionnaire historique de la firme. Depuis toujours, la marque américaine a su se démarquer en perpétuant l'image d'une boisson universelle qui invite ses consommateurs au bonheur, à l'amitié et au « vivre ensemble ». Vecteur d'émotions, le Coca-Cola rend heureux ceux qui le consomment et ses différents spots publicitaires – pour la plupart devenus cultes – revendiquent ces notions de partage, de convivialité, d'amour de la famille et de retrouvailles. Le sponsoring par Coca-Cola des plus grands événements sportifs et musicaux participe également à démontrer que la marque est source d'enthousiasme et de moments heureux.

La légende raconte même que l'on doit aux publicitaires de la firme d'Atlanta l'apparence actuelle du Père-Noël joufflu et vêtu d'un habit rouge et blanc. Ils auraient ainsi habillé Santa-Claus aux couleurs de Coca-Cola dans les années 30 pour utiliser le potentiel d'image du personnage et booster les ventes du soda en hiver. Cette histoire n'est pas tout à fait exacte, un dessinateur américain avait déjà eu l'idée de coloriser Saint Nicolas en rouge près d'un siècle auparavant mais c'est grâce à la marque et à l'artiste américain Haddon Sundblom que le Père Noël s'est ainsi imposé dans l'imaginaire collectif. Et depuis plus d'un siècle, la firme d'Atlanta perpétue cette *love story* si particulière entre Coca-Cola et les fêtes de Noël, avec des campagnes annuelles qui ont su marquer les esprits.

ZOOM

Red Bull, la potion magique moderne

Dans un registre opposé à celui choisi par Coca-Cola, Red Bull a décidé de miser sur l'énergie, la force, l'audace et le goût du risque. Fondée en 1984 en Autriche par Dietrich Mateschitz, la boisson énergisante a été pensée pour redonner du peps en soirée ou durant les activités physiques. Dans le but d'affirmer un positionnement inverse au bonheur tranquille de la marque américaine, l'entreprise autrichienne veut vendre de l'énergie en canette. L'axe retenu ? L'adrénaline, les sensations fortes et le dépassement de soi comme quêtes ultimes. Avec Red Bull, la vie ne doit pas être banale, elle doit être intense. Une revendication qui se matérialise par une implication dans les sports extrêmes, la Formule 1, la moto GP, les sports de glisse, le cliff diving, le VTT… Ou encore l'incroyable et spectaculaire Red Bull Stratos Project, avec Félix Baumgartner qui a effectué une chute libre depuis la stratosphère. La marque autrichienne consacre entre 25 et 30 % de son chiffre d'affaires annuel à son budget marketing et soutient plus de 600 événements par an qui lui permettent une forte visibilité et une grande proximité avec son public. Pour son lancement sur le marché hexagonal en 2008, après douze ans d'interdiction de l'inflexible Agence française de sécurité sanitaire, Red Bull a sorti une campagne publicitaire en forme de clin d'œil à Astérix, un héros national, avec pour slogan : « La potion magique rentre en Gaule ».

« Si les consommateurs croient qu'ils partagent des valeurs avec une entreprise, ils resteront fidèles à la marque. »

Howard Schultz

Chapitre 6

DE LA PLATEFORME DE MARQUE AU STORYTELLING

Pour bien travailler la narration, il est recommandé de partir d'une plateforme de marque. Ce document synthétique est l'outil fondateur de toute stratégie de branding. Il permet à la fois de créer une identité forte, de mieux comprendre et de mieux visualiser la valeur ajoutée proposée par la marque. Une étape incontournable pour définir l'image que l'entreprise va projeter vers ses publics cibles et pour garantir la clarté et la cohérence de son discours. L'objectif est donc d'exprimer l'identité d'une marque à travers les composants stratégiques qui constituent son ADN et lui permettent de se différencier de la concurrence. Une fois ces éléments établis, cette plateforme concrète et dynamique va permettre à l'entreprise ou à la marque de définir ses axes de communication et plus largement les contours de sa stratégie marketing. Une plateforme de marque doit aussi être évolutive et se renouveler dans le temps suivant les évolutions vécues par l'entreprise et son environnement.

En matière de communication externe, cet outil de référence permet de travailler sur l'élaboration de l'image que la marque ou l'entreprise va renvoyer auprès de ses clients et prospects, tandis qu'en interne la plateforme de marque aura pour but de fédérer l'ensemble des collaborateurs autour d'une culture, d'engagements et d'objectifs communs.

Le modèle de plateforme de marque que nous proposons ici repose sur cinq piliers qui constituent le socle stratégique de la communication de l'entité concernée : le style, les valeurs, la vision, la mission et la promesse.

LE STYLE : QU'EST-CE QUI CARACTÉRISE LA PERSONNALITÉ DE LA MARQUE ?

Ce pilier repose, d'une part, sur les produits et services et, d'autre part, sur le marketing et la communication de l'entreprise. Le style se définit par l'ensemble des éléments que la marque va véhiculer en matière d'esthétisme (identité visuelle, packagings, point de vente, enseignes...), de qualité, de performance et de design produit et enfin en matière de stratégie marketing (politique de prix, distribution, communication...). En résumé, tout ce qui repose sur des éléments physiques.

Si une marque fait le choix du low cost, comme c'est le cas d'EasyJet, tout doit être cohérent avec ce positionnement, du choix de la couleur orange, aux tenues des hôtesses, en passant par l'habillage des avions, le site internet et les campagnes de communication. Le style d'une marque doit être en cohérence avec les valeurs que celle-ci revendique.

LA VISION : QUELLES SONT LES CONVICTIONS PROFONDES QUI ANIMENT LA MARQUE ?

En définissant et en formulant sa vision, la marque va déterminer sa grande ambition, son objectif principal et sa façon de voir les choses au-delà du marché. C'est-à-dire le regard qu'elle porte sur la société toute entière, en relation avec son univers de produit. Elle permet d'établir une vérité intrinsèque, d'inspirer son audience et de fédérer une communauté. Formuler une vision de marque claire, c'est avoir l'assurance d'entrer dans le cœur de ses clients et de partager une émotion commune. Selon l'auteur et spécialiste des marques George Lewi*, « la vision est un saut du présent vers le futur, ce qui revient à imaginer la place de la marque plus tard, à plus grande échelle et avec plus d'ambition. »

Par exemple, Apple s'efforce « d'offrir la meilleure expérience informatique personnelle aux étudiants, aux enseignants, aux professionnels de la création et aux consommateurs du monde entier grâce à ses offres matérielles, logicielles et Internet innovantes ». La vision de la marque de Cupertino est claire et permet de formuler sa mission de manière bien précise. Elle découle incontestablement de celle de Steve Jobs, son fondateur emblématique qui avait la volonté de changer le monde. Selon la légende, c'est d'ailleurs avec cet argument qu'il a convaincu le président de PepsiCo John Sculley de rejoindre Apple en 1983. « Tu veux passer le reste de ta vie à vendre de l'eau sucrée ou tu veux changer le monde avec moi ? »

Autre exemple de vision, celle de Danone, le géant de l'alimentaire, pour qui « la santé des hommes est indissociable de celle de la planète ».

LES VALEURS : QUELLES SONT LES VALEURS QUI GUIDENT LA MARQUE DANS SA VISION ?

Les valeurs représentent ce qui anime la marque au plus profond. Partager des valeurs permet de fédérer une communauté autour de la philosophie d'une marque. Les publics cibles vont ainsi orienter leur consommation en fonction du système culturel et des convictions qu'ils partagent avec

* *Branding Management*, George Lewi, Jérôme Lacoeuilhe, Pearson, 2007.

l'entreprise. L'élaboration d'une plateforme de marque permet d'identifier et de lister les valeurs essentielles et fondamentales qui feront partie intégrante de son ADN. Elles viendront alimenter la culture de l'entreprise et lui offrir la capacité d'être une source d'inspiration pour sa communauté.

Danone a choisi le joli acronyme « HOPE » pour exprimer ses valeurs : Humanisme, Ouverture, Proximité et Enthousiasme. Une formule gagnante qui fonctionne en français comme en anglais.

LA MISSION : QUELLE EST LA FONCTION, LE RÔLE JOUÉ PAR LA MARQUE ?

Une fois la vision déterminée, il est temps d'élaborer la mission, une notion beaucoup plus concrète. Celle-ci représente l'ensemble des actions mises en place par la marque ou l'entreprise pour atteindre sa vision. La vision de la marque d'électroménager SEB est de « contribuer au mieux vivre, en facilitant la vie domestique des consommateurs, partout dans le monde ». Dans les années 60, elle s'est imposée comme la marque qui allait libérer les femmes, en leur permettant d'être disponibles pour d'autres activités que les tâches ménagères. Et de cette logique est née une mission : « créer des produits et des services innovants qui rendent la vie domestique plus agréable, plus harmonieuse et plus épanouissante ».

D'une vision claire découle une mission qui l'est tout autant. Pour Danone, il s'agit « d'apporter la santé par l'alimentation au plus grand nombre grâce à la qualité nutritionnelle des produits proposés. »

LA PROMESSE : QUEL ENGAGEMENT PORTE LA MARQUE ?

Il est impératif de communiquer une promesse qui soit basée sur un bénéfice mis en avant par la marque et qui puisse constituer une sorte de contrat de confiance passé avec ses clients. La promesse de marque doit être forte et différenciante. Elle doit avoir un caractère général et intemporel et se distingue ainsi de la promesse publicitaire qui peut être renouvelée régulièrement. Par exemple, la promesse de marque portée par Evian est celle de la source de jeunesse, même si celle-ci a été déclinée en différentes promesses publicitaires au cours des dernières décennies. Autre exemple, Danone affirme une promesse forte et intemporelle : « l'excellence nutritionnelle comme priorité absolue »

STORY

Michel & Augustin : Les trublions gourmands

Avant de commercialiser leurs biscuits savoureux à travers plusieurs continents, Michel de Rovira et Augustin Paluel-Marmont étaient deux copains d'enfance, nourris par la même volonté de se lancer dans une savoureuse aventure humaine. Tout commence par la fabrication de petits sablés en 2004 et le lancement de Michel & Augustin, une marque authentique, sincère, sympathique, à l'esprit un brin décalé qui développe des produits résolument gourmands pour remettre le « vrai goût » à l'honneur. Inspirés par les fondateurs de l'enseigne américaine de crèmes glacées Ben & Jerry's, ils se lancent et ne tardent pas à trouver leur marché. En 2006, ils lancent une gamme de yaourts à boire rebaptisés pour l'occasion « vaches à boire », puis des glaces l'année suivante avant de passer aux biscuits apéritifs et aux desserts frais.

Au fil des années, ils passent de la petite cuisine d'Augustin à une boulangerie pour élaborer leurs créations gourmandes et ils signent leurs premiers points de distribution. Ils ne cessent de grandir, tout en restant fidèles à leur philosophie et à leurs valeurs. Ils prônent le goût authentique avec des recettes qualitatives et simples basées sur des ingrédients de qualité.

La marque cultive le mythe du naturel en s'éloignant le plus possible de l'univers de l'industrie alimentaire. Son côté enfantin la rend sympathique, saine et transparente. Et cela fonctionne !

Certifiés B-Corp, un label qui vient confirmer leur engagement sociétal et environnemental, les trublions font partie des premiers à se lancer dans l'aventure du vrac. Engagés au service du goût et de la qualité, les deux amis ont su développer un storytelling particulièrement inspirant, fondé à la fois sur leurs personnalités originales et sur leurs valeurs telles que le retour aux sources, la gourmandise, l'authenticité et la naturalité. Ironie de l'histoire, leur succès leur a valu d'être majoritairement rachetés en 2019 par le géant de l'industrie alimentaire Danone. Fin 2023, le groupe italien Ferrero, propriétaire de Nutella, a soumis sa candidature d'achat dans le but d'élargir son portefeuille de marques avec l'ajout de produits plus « authentiques ».

ZOOM

Louis Vuitton, la vie est un voyage

Fleuron du luxe à la française, la marque Louis Vuitton a été fondée en 1854 par un jeune artisan malletier du même nom qui a su anticiper la révolution du transport en créant des malles plates pouvant être superposées et dans lesquelles de nombreux aménagements étaient possibles. Au milieu du XIXe siècle, la bourgeoisie française, jusque-là peu mobile, devient avide de découvertes et se met à voyager. Louis Vuitton va rapidement connaître le succès en profitant de cette mode du voyage grâce à des produits parfaitement adaptés aux besoins de la clientèle féminine de l'époque.

« Volez, voguez, voyagez, valises Vuitton » clame une publicité parue dans l'*Illustration* au début du XXe siècle. Plus de 100 ans plus tard, le voyage est toujours indissociable de l'identité de la griffe et représente le socle de son storytelling. En effet, Louis Vuitton base sa stratégie de communication sur la symbolique du voyage, pas uniquement comme un simple déplacement mais plutôt comme une expérience personnelle, voire une aventure philosophique et spirituelle. Voyager, c'est partir à la découverte du monde mais aussi à la découverte de soi. C'est également s'ouvrir aux autres et progresser humainement. Pour la marque de luxe, la vie toute entière peut se définir comme un voyage et ses produits comme de véritables compagnons pour les voyageurs.

Les nouvelles ambitions de diversification de Louis Vuitton dans le secteur de la restauration et de l'hôtellerie de luxe placent plus que jamais la thématique du voyage au cœur du storytelling de la marque.

« L'histoire me sera indulgente. D'ailleurs, j'ai l'intention de l'écrire moi-même. »

Winston Churchill

Chapitre 7

MÉTHODOLOGIE DU STORYTELLING : COMMENT ÉCRIRE UNE BONNE HISTOIRE ?

Le storytelling consiste avant tout à raconter une histoire. Et pour que celle-ci puisse attirer l'attention, susciter l'intérêt de son audience et faire passer un message efficacement, quelques règles s'imposent. Un récit doit avant tout se construire autour d'une structure bien définie, c'est-à-dire un ensemble d'étapes permettant de lui donner du rythme, du corps et du dynamisme. Ceci afin de guider l'auteur en lui offrant une trame narrative qui constituera la colonne vertébrale de l'histoire.

Différentes techniques permettent ainsi d'élaborer un storytelling efficace et performant. Elles présentent les étapes de construction des récits et aident les entreprises et les marques dans la mise en place de leur discours.

Modèle N°1 : le schéma narratif

Le schéma narratif permet de comprendre comment se déroule une intrigue et donc de déchiffrer de nombreuses histoires, fables ou légendes ainsi que beaucoup de contes et de romans.

Composé de cinq étapes majeures, il confère une certaine liberté au narrateur tout en l'aidant à construire son récit avec une progression cohérente :

- **La situation initiale** : elle permet de poser le contexte général, c'est-à-dire le lieu et l'époque où se situe l'histoire, mais également le héros et les différents protagonistes.
- **L'élément perturbateur** : il se matérialise très souvent par un changement de situation, un élément qui va pousser le héros à partir en mission.
- **Les péripéties** : le héros ou les différents protagonistes vont rencontrer des obstacles et ils devront les surmonter pour atteindre leur objectif, réussir leur quête.
- **Le dénouement** : c'est là que se joue la réussite ou l'échec d'une mission. Cette étape représente le point culminant de l'histoire et elle mène le plus souvent à une certaine stabilité.
- **La situation finale** : C'est la fin de l'histoire, l'étape ultime durant laquelle la réussite ou l'échec de la mission sera dévoilé. Dans les films romantiques, c'est par exemple l'instant où les protagonistes se promettent un amour éternel.

ZOOM

Le schéma narratif de Cendrillon

Si l'on se penche sur le célèbre conte de Cendrillon, on voit très nettement apparaître les différentes étapes d'un schéma narratif classique.

- **Situation initiale:** Après le décès de sa mère puis de son père, la gentille Cendrillon se retrouve exploitée par sa belle-mère et ses filles. Elle devient servante dans sa propre famille.
- **Élément déclencheur:** Maltraitée par sa marâtre, Cendrillon se tue à la tâche quand le roi décide d'organiser un bal pour marier son fils auquel toutes les filles du royaume sont invitées.
- **Péripéties:** La méchante belle-mère choisit d'envoyer ses filles au bal dans l'objectif de séduire le prince. Lorsque Cendrillon décide également de s'y rendre, les

deux sœurs détruisent sa robe pour qu'elle n'assiste pas à l'événement. Notre héroïne est alors miraculeusement aidée par une bonne fée qui transforme ses vieux haillons en robe de bal et lui offre des pantoufles de verre. Toutefois, celle-ci doit impérativement rentrer avant minuit, heure à laquelle l'enchantement prendra fin. Bien évidemment, Cendrillon et le prince ont un coup de foudre mutuel. Minuit sonne à la cloche et la belle doit s'enfuir. Dans la précipitation, elle perd une de ses pantoufles de verre qui sera récupérée par le prince. Celui-ci se lance alors dans une quête effrénée pour retrouver l'élue de son cœur à travers tout le royaume. Dans le même temps, pour éviter que Cendrillon ne fasse de l'ombre à ses filles, sa belle-mère l'enferme.

- **Dénouement :** Libérée par ses amies souris, Cendrillon parvient à essayer la pantoufle de verre et prouve au prince qu'elle est bien la mystérieuse inconnue dont il est tombé éperdument amoureux lors du bal.
- **Situation finale :** Les deux amoureux se marient et vivent heureux jusqu'à la fin des temps…

Modèle N°2 : le schéma actanciel adapté au storytelling d'entreprise

Le schéma actanciel a été inventé en 1966 par le linguiste et sémioticien Algirdas Julien Greimas suite à une analyse approfondie des principaux contes classiques. Il s'est alors aperçu que ceux-ci reposent tous sur une structure narrative commune qui peut permettre la construction de n'importe quel récit. Cet outil narratif particulièrement efficace présente, d'une part, les acteurs d'une histoire et, d'autre part, leur progression vers l'objectif fixé. Il permet ainsi à l'audience de s'identifier facilement et de se projeter rapidement dans l'histoire.

Adapté au storytelling d'entreprise ou de marque, il repose sur 7 piliers qui sont autant de facteurs clés pour une bonne histoire :

1. Le protagoniste : Celui-ci peut prendre plusieurs formes et peut être représenté par la marque ou l'entreprise elle-même, le produit et parfois le fondateur. Le protagoniste devient clairement le héros de l'histoire qui a une mission précise à accomplir. Parfois, c'est un « antihéros » qui vient incarner la marque. Une personne qui ne ressemble pas au stéréotype du héros mais qui permet de communiquer clairement les messages de la marque. Exemples : « Il a Free, il a tout compris », « Orangina rouge, pourquoi est-il aussi méchant ? »

2. La quête : Le protagoniste ou héros poursuit une quête, il est appelé à remplir une mission. Par exemple, la quête de Steve Jobs était véritablement de changer le monde et de provoquer l'avènement de la société digitale en permettant au plus grand nombre d'utiliser des outils informatiques conviviaux, performants et innovants. Le storytelling de la marque à la pomme est donc en grande partie basé sur cette quête. Autre exemple, la maison Rolex est engagée, depuis sa création par Hans Wilsdorf en 1908, dans une quête perpétuelle d'excellence qui mobilise toutes les ressources de l'entreprise et passe notamment par l'innovation permanente. Dans cette logique, la marque a toujours pris le parti de nouer des partenariats emblématiques en s'associant à des explorateurs, des talents du monde des arts ou des sportifs de haut niveau dans plusieurs disciplines comme la voile, la Formule 1, le tennis et le golf. Une Rolex est plus qu'une montre. C'est le compagnon intime de toutes celles et de tous ceux qui visent l'excellence et la grandeur humaine.

3. L'antagoniste : Le réalisateur Alfred Hitchcock a dit : « Meilleur est le méchant, plus réussi sera le film ». L'antagoniste est donc un élément clé, à ne pas sous-estimer. Il peut être un concurrent menacé, le conservatisme ambiant, un secteur d'activité qui ne respecterait pas une certaine éthique, un lobby puissant… Apple s'est construit face à IBM. La firme de Cupertino incarnait l'informatique conviviale, accessible à tous alors que les produits IBM étaient pensés pour les informaticiens. De même, le challenger Avis s'est construit dans son opposition à Hertz jusqu'à devenir leader du marché de la location de véhicules. Dès les années 50-60, la marque annonçait la couleur : « *Avis is only N° 2 in rent a car. So we try harder.* »*

* *Avis est seulement le N°2 de la location de voitures. Alors nous redoublons d'efforts.*

4. La crise : Une entreprise ou une marque va traverser une crise et prouver sa capacité à surmonter cette épreuve. Placer un obstacle dans la narration va permettre de susciter l'intérêt de l'audience. Dans le cas d'une entreprise, la crise peut, par exemple, correspondre à la difficulté de trouver des financements pour son projet.

5. La résolution de la crise : En storytelling d'entreprise, cette étape ne peut-être que positive. C'est le moment où tout se règle, où la mission est achevée. Dès l'instant où il y a une crise, celle-ci doit impérativement être résolue. Confrontée à un impérieux besoin de financement pour sa marque Respire, Justine Hutteau va les obtenir à travers une campagne de crowdfunding (voir par ailleurs).

6. Le retour à la raison : Le storytelling s'appuie sur les émotions mais il n'est pas l'ennemi de la raison. Le succès de l'entreprise ou de la marque doit pouvoir se mesurer de façon concrète : chiffre d'affaires, part de marché, position concurrentielle... Il s'agit alors de devenir plus factuel et de passer de l'histoire à l'information.

7. La continuation de l'histoire : Comment relancer notre histoire dans l'avenir lorsque la quête est remplie ? Un storytelling d'entreprise ou de marque ne peut pas se conclure de façon classique avec un happy end. Comme dans les meilleures séries Netflix ou Prime Video, il convient de se relancer sur une nouvelle saison, c'est-à-dire une nouvelle quête ou un nouveau chapitre. Voire un nouveau storytelling.

Modèle N°3 : Les idées qui collent selon les frères Heath

Pensée par les frères Chip et Dan Heath, l'un éditeur et l'autre professeur à l'Université de Stanford, cette méthode résulte d'une étude qu'ils ont menée en analysant des centaines de légendes urbaines, histoires et autres fables communément répandues. Ils ont ainsi cherché à identifier les caractéristiques communes aux récits à succès qui permettent d'expliquer pourquoi une histoire fonctionne ou pas et pourquoi certaines idées survivent et d'autres non. Selon les frères Heath, les récits qui durent et se partagent à travers les époques ont en commun 6 principes fondamentaux que l'on peut facilement retenir grâce à l'acronyme mnémotechnique S.U.C.C.E.S.

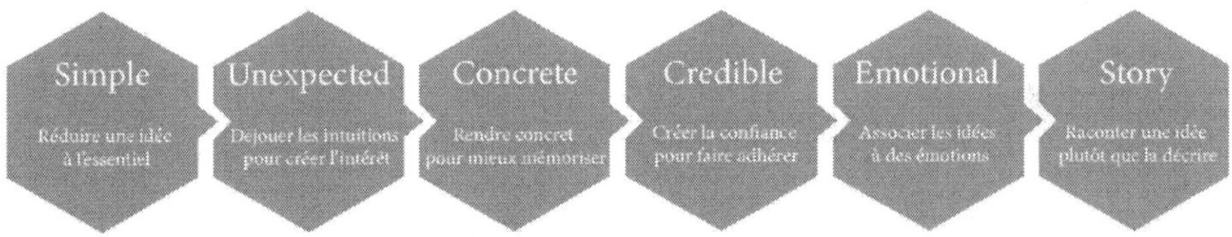

- **S pour Simplicité :**

Plus une idée est simple, plus elle est facile à retenir. *A contrario*, plus elle est complexe, moins elle sera comprise et mémorisée. Comme l'a noté un célèbre avocat pénaliste new-yorkais : « Si vous avancez dix arguments à un jury, tous très pertinents, il les aura tous oubliés au moment de s'installer dans la salle des délibérations ».

Pour que votre message colle, il faut parvenir à trouver son essence, c'est-à-dire l'exprimer dans sa forme la plus élémentaire sans pour autant perdre sa signification. En résumé, il faut faire simple. L'idée directrice d'une bonne histoire doit être réduite à l'essentiel et tenir en une ou deux phrases.

- **U pour Unexpected / Inattendu**

Pour surprendre son public et retenir son attention, il faut savoir créer l'inattendu et déjouer les intuitions. L'effet de surprise est un levier puissant pour susciter l'intérêt de son audience. C'est le principe des bons polars et des thrillers efficaces.

- **C pour Concrete / Concret**

L'histoire doit être concrète. Une idée concrète est facilement mémorisable alors qu'un concept abstrait ne l'est pas. Il faut donc s'appuyer sur des « images » qui illustrent clairement le message : des métaphores, des preuves tangibles, des faits, des exemples... Le tout permettant de renforcer le message.

- **C pour Credible/ Crédible**

Même ambitieuse, une idée ou une histoire doit être la plus cohérente possible afin de créer la confiance et de donner crédibilité et autorité à ceux qui la portent.

- **E pour Emotional / Émotionnel**

Comme nous l'avons longuement évoqué par ailleurs, ce sont les émotions qui poussent à l'action. Il faut donc savoir toucher son public. Provoquer des émotions permettra aussi de marquer plus durablement les esprits.

- **S pour Story / Histoire**

Une idée ne se décrit pas, elle se raconte. Il faut pouvoir la faire vivre au public afin que celui-ci puisse s'identifier. Narrer une histoire en utilisant des anecdotes, des « success stories » permet de rendre le récit le plus captivant possible.

ZOOM

Respire, la marque de soins eco-friendly

Co-fondée par l'enthousiaste Justine Hutteau en 2018, la marque Respire développe plusieurs gammes de cosmétiques *éco-friendly* aux ingrédients et formules 100 % green. Du déodorant en passant par les crèmes, huiles sèches, dentifrices à croquer et autres shampoings solides, l'enseigne a su rapidement convaincre une large clientèle en quête de produits naturels. Des ingrédients au packaging, tout est en accord avec le concept revendiqué par la fondatrice : *Your body is magic, take care of it !**

Le jour où on lui a détecté une tumeur bénigne sous l'aisselle, Justine Hutteau a décidé de se pencher sur le sujet du déodorant et d'imaginer une alternative saine aux produits industriels. Elle s'entoure d'une docteure en

* *Votre corps est magique, prenez-en soin !*

pharmacie et épaulée par sa communauté et ses proches, elle conçoit son déodorant idéal. Ses secrets ? L'ensemble des composants sont sans danger pour la santé, une efficacité prouvée dans des conditions extrêmes. Ajouté à cela, une fabrication française et des flacons recyclables. Après le lancement d'un premier produit et une campagne de crowdfunding réussie, la marque Respire a développé son offre beauté et s'est imposée sur le marché des cosmétiques respectueux de la santé comme de la planète. Une belle success-story pour Justine Hutteau qui est désormais soutenue par une très large communauté et des investisseurs solides.

Avec un storytelling reprenant les bases du schéma actanciel, la marque a su développer une communication cohérente notamment à travers les relations presse et les réseaux sociaux avec de nombreuses publications de clips vidéo. Cette belle histoire, parfaitement scénarisée, est complètement incarnée par son héroïne, la charismatique cofondatrice qui a pris le parti de l'omniprésence médiatique. Le résultat de cette hyper-médiatisation a vraisemblablement dépassé toutes ses espérances.

Le Schéma actanciel appliqué à la marque Respire :

- **Protagoniste :** Justine Hutteau, la cofondatrice
- **Quête :** Concevoir des cosmétiques respectueux de la peau et de l'environnement suite à une alerte médicale (tumeur bénigne sous l'aisselle)
- **Antagoniste :** Les déodorants industriels et leurs ingrédients nocifs
- **La crise :** Le financement du projet d'entreprise
- **La Résolution de la crise :** Une campagne de crowfunding réussie
- **Retour à la raison :** Un déodorant testé et approuvé, un succès commercial spectaculaire
- **Continuation de l'histoire :** Réinventer le secteur des cosmétiques et développer de nouvelles gammes

« Il ne suffit pas de parler, il faut parler juste. »

William Shakespeare

Chapitre 8

LE STORYTELLING À L'ÈRE DES RÉSEAUX SOCIAUX

En matière de storytelling, le social media représente le vecteur de communication le plus doué et le plus puissant à la disposition des marques et des entreprises. Il permet en effet de toucher directement leurs cibles, de tous âges, à tous moments et sans aucune limite géographique.

Les réseaux sociaux permettent également d'offrir une véritable expérience à leurs publics, à travers la publication de vidéos, d'images ou la création de lives. Les contenus peuvent être variés et les marques rivalisent d'ingéniosité pour capter l'attention de leur audience et l'embarquer dans un véritable voyage grâce au récit proposé. Les médias sociaux ont la capacité de fédérer une communauté, autour de la marque ou de l'entreprise, et de transformer ses membres en véritables ambassadeurs. Ceux-ci deviennent alors des acteurs à part entière et de véritables interactions sont possibles, à travers la mise en ligne d'avis, d'enquêtes ou de questionnaires. Autant d'outils qui permettent de mesurer, quasiment en temps réel, ce qui fonctionne ou non, et de pouvoir réajuster, si besoin, son message. Alimentés à tout moment, les réseaux sociaux sont des médias « fil rouge » sur lesquels on communique avec régularité tout au long de l'année. Il est possible de séquencer ses prises de parole en les ponctuant de temps forts, à l'image d'un feuilleton, et de faire en sorte que son audience attende avec impatience les prochaines publications.

Si l'on se penche sur les chiffres, une étude menée au niveau international par We Are Social/Meltwater, en 2023, démontre que plus de 36 % du temps total passé sur Internet est consacré aux réseaux sociaux. Près de la moitié des utilisateurs (48,6 %) s'en servent pour « rester en contact avec la famille ou les amis » alors que 37,3 % y vont pour « passer le temps » et 34,6 % pour s'informer ou suivre l'actualité. Au total, près de 5 milliards d'utilisateurs sont actifs sur les réseaux, ce qui équivaut à plus de 60 % de la population mondiale.

Avec Facebook lancé en 2004, Twitter en 2006, Instagram en 2010 ou encore Snapchat l'année suivante et plus récemment TikTok en 2016, l'offre en matière de social média n'a pas cessé de s'accroître. Au départ imaginées pour une utilisation privée, de simples échanges dans une communauté d'amis, ces plateformes sont devenues de véritables outils marketing et une arme redoutable pour la communication des entreprises, quels que soient leur taille et leur secteur d'activité.

Cependant la communication social media ne s'improvise pas. Elle suppose la mise en place d'une véritable stratégie et il est notamment impératif de suivre une ligne éditoriale bien précise tout en restant cohérent afin d'éviter de perdre son audience et d'être le plus impactant possible. Les réseaux sociaux étant désormais utilisés par la quasi-totalité des marques et des entreprises, il est plus difficile de sortir du lot. Pour y parvenir, il est donc impératif de rivaliser d'ingéniosité et d'utiliser des outils innovants pour apporter une plus-value à sa communication. C'est le cas, par exemple, des enseignes de cosmétiques qui utilisent la réalité augmentée pour permettre à leurs clientes de tester les couleurs de leurs rouges à lèvres, mascaras et autres fonds de teint. Ou encore de la maison Dior qui propose d'essayer virtuellement ses paires de sneakers grâce aux Snapchat Lenses (effets spéciaux à base de réalité augmentée). Le contenu développé pour l'iconique ligne B27 a d'ailleurs été visionné plus de 2,6 millions de fois sur l'application.

Autre impératif, manier les réseaux sociaux avec sincérité et transparence. Si ce n'est pas le cas, les internautes vont le ressentir et la communication risque de ne pas fonctionner. À la base pensés comme des journaux intimes et des lieux de partage, les réseaux sociaux doivent avant tout permettre à leurs utilisateurs de se sentir en proximité totale avec une marque.

Les réseaux sociaux en quelques chiffres

Selon une étude menée en France en 2023 par l'agence de marketing d'influence Reech, Facebook et Twitter sont les réseaux sociaux les plus utilisés sur la cible des 15 ans et plus. D'autre part, 83 % des plus de 35 ans utilisent Facebook contre 38 % des 18-24 ans.

Les moins de 35 ans sont adeptes d'Instagram avec 84 % d'utilisation et de Twitter avec 41 %. Pour les moins de 24 ans, c'est Snapchat qui est en tête avec 81 % de taux d'utilisation suivi de près par TikTok (78 %). Enfin, un média social semble mettre d'accord toutes les classes d'âges c'est YouTube, le seul média social transgénérationnel.

De son côté, LinkedIn affiche 30 % de taux d'utilisation (rapporté à la population totale en France), soit 21 millions d'utilisateurs mensuels. Des chiffres qui confirment son statut de premier réseau social professionnel. En France, en 2023, les utilisateurs d'internet, âgés de 16 à 64 ans, ont passé en moyenne 1h46 par jour sur les réseaux sociaux. Au niveau mondial, les internautes possédaient plus de 6 comptes sur les différentes plateformes. 46,4 % d'entre eux étaient des femmes, 53,6 % des hommes (source étude WeAreSocial/ Meltwater).

ZOOM

Aime : La beauté qui vient de l'intérieur

En 2018, convaincue que « la beauté commence de l'intérieur », la blogueuse et influenceuse beauté Mathilde Lacombe s'associe à François Morrier et fonde Aime, une marque de cosmétiques innovants qui propose des soins du visage et des compléments alimentaires. Si la jeune femme s'est lancée dans cette aventure, c'est avant tout pour trouver une réponse efficace à ses propres problèmes de peau. « Je suis ma première cliente. Aime est né car je voulais proposer une alternative (…) aux personnes, qui comme moi, souffrent de problèmes de peau », confie la cofondatrice sur le site internet de l'entreprise. Aime revendique une nouvelle manière de penser la beauté de la peau. Pour la marque, le produit de soin accompagne une philosophie de vie globale où le traitement de l'épiderme est indissociable de la prise en compte de la santé intérieure.

Bénéficiant d'une large expérience dans le secteur de la beauté, Mathilde et son associé ont développé différentes gammes de produits allant des probiotiques aux huiles hydratantes, en passant par le maquillage ou les boissons au collagène. Autant de soins censés apporter une solution globale aux imperfections et déséquilibres qu'une femme peut rencontrer tout au long de sa vie. La chef d'entreprise est au cœur du storytelling de sa marque, elle l'affiche, le revendique et prend donc très souvent la parole. Son credo? La peau étant le reflet de l'état de santé de notre organisme, il convient donc de traiter les causes du problème plutôt que ses effets. On la retrouve ainsi dans différentes vidéos thématiques, publiées sur internet et les réseaux sociaux. Des lives, tutos, recettes, routines et autres « Paroles d'experts » qui alimentent régulièrement la page Instagram de la marque et réunissent plusieurs dizaines de milliers d'internautes. Une communauté que l'entreprise n'hésite pas à solliciter et à mettre en avant. On retrouve d'ailleurs de très nombreux témoignages accompagnés de photos « avant-après » qui attestent des effets de leurs différentes cures.

CONSEILS D'EXPERT

10 facteurs clés pour un storytelling réussi sur les médias sociaux

Par Flora Desbrosses, Directrice de l'agence Flora Smile spécialisée dans les stratégies social media

1. ÉTUDIEZ ET COMPRENEZ VOTRE PUBLIC

Analysez votre cible et identifiez ses motivations afin de créer une histoire qui résonne avec elle. Le storytelling sur les réseaux sociaux exige une compréhension profonde de votre audience.

2. DÉFINISSEZ VOTRE MESSAGE CLÉ

Construisez le message principal qui guidera votre récit sur les médias sociaux. Il doit être en adéquation avec vos objectifs et votre public cible.

3. CRÉEZ UNE HISTOIRE AUTHENTIQUE

Votre récit doit, d'une part, refléter la personnalité de votre marque et, d'autre part, être à la fois sincère et spécifique afin de créer un lien émotionnel avec votre audience.

4. CHOISISSEZ LES BONNES PLATEFORMES

Sélectionnez les médias sociaux adaptés à votre cible. Il est indispensable de choisir la plateforme appropriée à votre public et à vos objectifs marketing.

5. VARIEZ LES FORMATS DE CONTENU

Partagez des photos, des vidéos courtes (de type Reel ou Story sur Instagram), des infographies, des articles de blog, des témoignages... La diversité des formats rendra votre storytelling plus attrayant.

6. ÉLABOREZ UN CALENDRIER DE PUBLICATION COHÉRENT

Identifiez des dates clés et définissez un calendrier de publication adéquat afin de fournir régulièrement des contenus engageants à votre public et ainsi maintenir son intérêt dans la durée.

7. ENCOURAGEZ LA PARTICIPATION DE VOTRE PUBLIC

Impliquez votre audience en posant des questions, en organisant des concours ou en encourageant les partages. Plus le public participe, plus il se sentira connecté à votre histoire.

8. RACONTEZ DES HISTOIRES HUMAINES

Mettez en avant les histoires de personnes réelles, que ce soit celles des collaborateurs, des clients satisfaits ou des partenaires. Cela permet d'ajouter une dimension humaine à votre marque. Partagez aussi les expériences positives de vos clients pour renforcer la crédibilité de votre histoire et mettre en avant les bénéfices de vos produits ou services.

9. SOYEZ RÉACTIFS ET ENGAGEANTS

Répondez aux commentaires, aux messages directs et aux mentions sur les médias sociaux. L'interaction avec votre public montre que vous êtes à son écoute et que vous valorisez son engagement.

10. MESUREZ LES RÉSULTATS

Utilisez les outils d'analyse des médias sociaux pour suivre les performances de votre storytelling. Ajustez votre stratégie en fonction des données pour maximiser l'efficacité de votre récit. En particulier, le taux d'engagement, l'analyse sémantique des sentiments et émotions partagés en commentaire sous les publications ou le nombre d'identifications sur des publications.

Certains outils de statistiques permettent de suivre ces KPIs (Key Performance Indicators) comme par exemple : Meta Business pour Facebook et Instagram, Swello pour la plupart des médias sociaux ou encore Mention pour l'analyse de l'e-réputation.

STORY

Innocent, tous les bienfaits des jus de fruits

La marque britannique Innocent a été créée par trois amis, diplômés de l'Université de Cambridge. En 1998, après avoir travaillé plusieurs mois sur des recettes de smoothies, ils ont testé leurs boissons lors d'un festival de musique à Londres en inscrivant sur une pancarte : « Devons-nous quitter nos jobs actuels et créer notre entreprise pour produire des smoothies ? ». Ils ont alors demandé à leurs « clients » de déposer leurs gobelets vides dans la poubelle de leur choix, l'une portant l'inscription « oui » et la seconde « non », pour répondre à la question. À la fin du festival, la poubelle « oui » était pleine et l'autre quasiment vide. C'est ainsi qu'Innocent a vu le jour au Royaume-Uni cette année-là alors que la marque n'est arrivée en France qu'en 2005.

Positionnée comme le fabricant de jus à base de fruits frais soigneusement sélectionnés et mixés, l'entreprise a converti les consommateurs aux smoothies grâce à la qualité de sa production et une stratégie de communication basée sur la joie de vivre, la bonne humeur et la bienveillance. Les produits sont 100 % naturels, sans additifs ni conservateurs, sans ajout de sucre ou d'eau. Les packagings en plastique transparent, originaux et amusants, permettent d'identifier la marque au premier coup d'œil dans les linéaires des rayons frais.

Innocent, c'est la marque de jus de fruits qui fait du bien. Aux consommateurs, grâce à des boissons saines, délicieuses et bonnes pour la santé. À la planète, grâce à sa politique environnementale visant à réduire le plus possible l'impact écologique de ses activités de production et de logistique. C'est aussi une marque éthique, engagée au niveau sociétal avec l'opération « petits bonnets, bonne action » menée avec les Petits Frères des Pauvres. De petits bonnets en laine, tricotés par des bénévoles, viennent coiffer les bouteilles et pour chaque exemplaire vendu, la marque reverse 20 centimes d'euros à l'association. Les sommes récoltées permettent de financer les rêves des personnes âgées accompagnées par cette organisation caritative dédiée à la lutte contre l'isolement des aînés. Au global, la marque britannique reverse 10 % de son chiffre d'affaires à des ONG, notamment par le biais de sa fondation qui aide les pays en voie de développement.

La politique de communication sur les réseaux sociaux a beaucoup contribué à construire cette image d'entreprise engagée qui sait utiliser l'humour et le fun au service de la bienveillance. Avec ses formats de post originaux et drôles, sa maîtrise du newsjacking* et ses interactions avec ses fans,

* *Pratique qui consiste à diffuser un message en lien avec un fait d'actualité marquant afin d'attirer l'attention sur l'entreprise ou la marque.*

la marque est devenue une référence en matière de stratégie social media. Chaque réseau social a sa propre cible ainsi que sa propre ligne éditoriale et les community managers manient l'humour avec talent.

Résultat ? La communauté s'élargit en permanence avec des membres de plus en plus nombreux qui permettent à la marque de rivaliser aujourd'hui avec les mastodontes de son secteur d'activité. Innocent est le parfait exemple d'un storytelling réussi car basé à la fois sur l'histoire de la marque, ses valeurs et sa proximité avec les consommateurs.

« Tout être humain a un besoin inné d'entendre et de raconter des histoires. »

Harvey Cox

Chapitre 9

TOUTES LES ENTREPRISES ONT UNE HISTOIRE À RACONTER

Des startups aux multinationales en passant par les PME, toutes les entreprises sont concernées par le storytelling. Elles ont toutes une histoire à raconter et un intérêt à le faire. Par exemple, lorsqu'un créateur de start-up doit vendre son projet et convaincre des partenaires d'investir, il se doit de marquer les esprits. Pour cela, il lui sera fortement recommandé de raconter une histoire. Car un projet ne se décrit pas, il se raconte. Ses interlocuteurs ne retiendront sans doute pas tous les arguments ou tous les chiffres présentés mais ils n'oublieront pas l'histoire associée. Dans la plupart des cas, une start-up propose une solution qui va permettre de résoudre un problème. Le fondateur a donc plusieurs éléments sur lesquels il peut appuyer son récit : son histoire personnelle, son parcours, la genèse de son projet, le problème qu'il permet de solutionner, la mission qu'il s'assigne, les engagements qu'il prend ou la valeur ajoutée qu'il apporte.

Le storytelling est l'un des piliers fondamentaux d'une stratégie de communication, quels que soient le statut de l'entreprise ou son domaine d'activité. Il n'est pas réservé aux jeunes pousses ou aux marques évoluant en BtoC dans le domaine de la grande consommation. Les entreprises BtoB, notamment dans les secteurs de l'industrie, du BTP ou du conseil, ont tout intérêt à s'approprier cet outil car elles ont besoin elles-aussi de s'adresser à leurs clients en convoquant leurs émotions. C'est de cette manière qu'elles parviendront à se différencier de la concurrence.

Dans tous les cas de figure, le storytelling doit être bien construit et avoir une base solide. Il doit certes inclure de l'émotion, de la vie, de l'originalité et de la cohérence mais aussi avoir si possible une portée universelle. Pour cela, il est indispensable de choisir un angle et de s'y tenir. Plusieurs options sont possibles et nous avons sélectionné 5 axes pertinents sur lesquels une entreprise ou une marque peut baser sa communication narrative. Sachant qu'il peut également être souhaitable de s'appuyer sur plusieurs angles différents pour élaborer le récit le mieux adapté et le plus efficace.

1. L'origine et/ou le(s) fondateur(s)

L'idée est de s'appuyer sur des faits ou des anecdotes historiques concernant la naissance de l'entreprise, quitte à les idéaliser. Le récit d'origine est souvent riche en contenus et peut inspirer un storytelling spécifique et légitime. C'est le cas d'Apple qui a entretenu le mythe du duo Steve Jobs – Steve Wozniak créant la marque à la pomme en 1976 dans le garage de la famille Jobs, dans la baie de San Francisco. Quant au géant mondial du e-commerce Amazon, l'histoire raconte que son fondateur Jeff Bezos a lui aussi démarré son projet de « plus grande librairie sur terre » dans un garage de Seattle avant de déménager dans un appartement de deux pièces. Par ce type de récit, le fondateur de l'entreprise acquiert le statut de véritable héros qui s'est confronté à de nombreuses difficultés et a su les surmonter. L'utilisation de cet angle permet d'apporter un maximum d'authenticité au storytelling. Il contribue à montrer que l'entreprise a été fondée par de « vraies personnes » qui se sont battues pour faire exister leur projet dans des conditions parfois difficiles.

2. Le mythe, la légende

Depuis toujours, les hommes convoquent les mythes et légendes pour expliquer le monde, se rassurer et donner un sens aux choses. Puiser dans cet abondant matériau permet à coup sûr de toucher l'inconscient collectif de son audience. Comme le disait John Ford, le plus grand réalisateur américain de westerns, « quand la légende est plus belle que la réalité, il faut raconter la légende ». Châteldon nous raconte l'histoire d'une eau transportée à dos de mulet depuis l'Auvergne pour soulager la digestion du Roi Soleil. Evian capitalise sur le mythe de la Fontaine de jouvence, symbole de perpétuel rajeunissement, censée garantir la jeunesse éternelle de quiconque boit son eau ou se baigne dedans. Quant à la marque Axe, elle a choisi de nous narrer une histoire simple, celle d'un déodorant qui rend celui qui l'utilise totalement irrésistible. Ce qui n'est pas sans nous rappeler la légende de l'élixir d'amour.

3. L'engagement

Dans une société peuplée de consommateurs en quête de sens, ce type de storytelling va permettre d'aller à la rencontre de leurs attentes. Il va par exemple permettre de justifier leurs choix de consommation. L'idée est donc de développer son récit autour d'une mission ou d'un engagement quel qu'il soit : environnemental, sociétal, éducatif... On retrouve cet axe narratif chez Danone qui a la volonté d'éduquer à la nutrition. Ou encore chez Patagonia qui a construit son storytelling autour de la personnalité de son fondateur et de son engagement éco-responsable. Celui-ci a même fait don de son entreprise à des associations actives dans la défense de l'environnement. Autre exemple inspirant, la marque Dove s'engage au nom de toutes les femmes, quelle que soit leur apparence physique, pour célébrer la beauté intérieure et la confiance en soi.

4. Le produit, le savoir-faire ou la technologie

Ici, le produit, le service ou le savoir-faire se retrouvent au cœur du récit. L'idée est de raconter le bénéfice procuré de manière symbolique, c'est-à-dire en matière d'émotions et d'expériences vécues... On ne fait pas l'inventaire des caractéristiques du produit mais on raconte la valeur ajoutée imaginaire qu'il va pouvoir apporter aux consommateurs. À l'instar de Coca-Cola qui se positionne comme « la boisson du bonheur » ou Oasis, celle de la fête et du fun. Le savoir-faire et en particulier sa transmission à travers les époques peut aussi être la clé d'un storytelling réussi. Le parfumeur grassois Molinard a par exemple choisi d'appuyer sa communication narrative sur ce concept intéressant et légitime (voir par ailleurs).

5. La réalité client

Aborder la réalité client tout en conservant une dose d'irrationnel est un angle intéressant. Il a été choisi par Red Bull qui nous raconte l'histoire de champions ou de sportifs amateurs en quête de sensations fortes dans le domaine des sports extrêmes. Ou encore Airbnb qui place ses clients au centre de son storytelling, en mettant en scène des utilisateurs de la plateforme vivant l'expérience proposée. La marque raconte des histoires sur les logements, les hôtes, les différentes cultures. Elle transforme ses clients en véritables acteurs ce qui permet d'humaniser le discours d'une entreprise 100 % virtuelle et de donner envie à d'autres voyageurs potentiels.

Pour autant, le storytelling d'entreprise ne doit pas être un discours uniquement centré sur les bonnes pratiques environnementales, les engagements RSE, les produits ou les services... Il peut cependant être pertinent d'utiliser l'ensemble de ces éléments pour construire un récit permettant de créer de l'émotion et de susciter de l'engagement de la part des différents publics. L'objectif final pour une marque sera toujours de fédérer une véritable communauté, autour d'elle et de ses produits, grâce à la narration.

STORY

Happy Pills, les bonbons qui guérissent les maux du quotidien

Concept original de boutiques de bonbons colorés artisanaux créé à Barcelone en 2008, Happy Pills a su se différencier grâce à un positionnement spécifique et un storytelling réussi. La marque espagnole est partie du principe que lorsque l'on consomme des douceurs, les papilles gustatives sont stimulées et le cerveau libère alors ces fameuses hormones qui font ressentir une sensation de bien-être absolu. Elle a donc décidé d'affirmer une identité originale en associant deux univers apparemment contradictoires, celui de la confiserie, symbole de plaisir, et celui du médicament, symbole de souffrance. Les magasins Happy Pills sont minimalistes, uniquement dédiés à la vente de bonbons et ont été conçus en détournant les codes de la pharmacie et de la médecine.

Le logo représente une croix rose, le point de vente évoque une officine, les confiseries sont vendues en flacons ou piluliers avec trousse d'urgence et sont accompagnés de notices d'utilisation. Pour chaque pathologie potentielle, plusieurs prescriptions gourmandes sont proposées : « contre les lundis », « contre le réchauffement climatique », « contre les appareils qui tombent en panne sans prévenir »,

« contre les intoxications amoureuses »... Happy Pills ne vend pas uniquement des bonbons gélatinés mais propose à ses consommateurs des remèdes doux qui soignent la morosité et guérissent les maux de tous les jours. Grâce à ce récit déculpabilisant et inspirant, l'entreprise catalane exploite 27 boutiques dans 3 pays différents.

ZOOM

Veja, les sneakers à la mode éco-responsable

En 2005, deux copains de lycée issus du monde de la finance, François-Ghislain Morillion et Sébastien Kopp, décident de créer une entreprise différente des autres, portant dans son ADN l'économie solidaire et la responsabilité environnementale. Ils choisissent de se lancer sur un marché en plein essor, celui des sneakers, symbole de leur génération et nouveau phénomène culturel mondial. Ainsi va naître Veja (signifiant « Regarde » en portugais), une marque de baskets intemporelles, pensée dans une logique d'engagement éco-responsable et de justice économique et sociale. Les deux fondateurs décident de produire leurs sneakers au Brésil, à proximité de leurs fournisseurs, en utilisant du coton biologique brésilien ou péruvien pour les toiles et les lacets, du caoutchouc sauvage d'Amazonie pour les semelles ainsi que du plastique et du polyester recyclés.

Au niveau international, le succès est fulgurant malgré des coûts de production bien supérieurs à ceux de la concurrence. Ils seront compensés notamment par l'élimination de tout budget publicitaire. Pourtant, la marque au V a réussi à se faire remarquer dans le monde entier grâce à plusieurs célébrités, comme Meghan Markle, qui vont l'adopter et contribuer à la faire connaître du grand public. En 2019, après plusieurs années de recherche, l'entreprise réussit à produire des chaussures sans pétrole et à remplacer le cuir par du CWL, une alternative fabriquée à partir de déchets de maïs. En 2022, 21 % de sa collection est produite dans cette matière. La marque dispose aussi d'un centre de récupération et de recyclage où sont nettoyées puis réparées les baskets afin de leur donner une deuxième vie.

Authentique pionnier de la mode éthique, Veja a su s'imposer comme la marque de sneakers la plus éco-responsable du marché grâce à un storytelling parfaitement en cohérence avec sa raison d'être, ses différentes actions et la vision initiale de ses fondateurs.

STORY

Molinard, la transmission du secret

Molinard est une entreprise emblématique du secteur de la haute-parfumerie dont le savoir-faire se perpétue depuis 5 générations. Une histoire qui se confond avec celle de Grasse, berceau et capitale mondiale des parfums, où l'entreprise a été créée en 1849 et où elle est toujours installée. Maison familiale et indépendante, Molinard sublime en parfums les matières précieuses de la Provence et d'ailleurs.

L'entreprise était à l'origine une simple boutique d'Eaux de Fleurs qui comptait, parmi ses clientes fortunées, la femme la plus puissante du monde à savoir la reine Victoria. En 1900, elle entre dans une nouvelle ère en s'installant dans une ancienne usine de parfumerie pour continuer à se développer. Elle y a d'ailleurs toujours son siège et son musée.

En 1921, Molinard lance le célèbre Habanita, premier parfum oriental féminin incarnant la garçonne des Années folles qui a traversé le temps sans prendre une ride. Aujourd'hui plus que centenaire, ce parfum intemporel et mythique continue d'évoquer la femme de caractère, libre, féminine, volontaire et aux désirs assumés.

Pour la première fois depuis 5 générations, l'entreprise est actuellement dirigée par une femme. En succédant à son père, en 2011, Célia Lerouge Bénard s'est donnée les moyens de réveiller une belle endormie. Avec la volonté de retourner aux sources de la parfumerie et de s'immerger dans l'histoire de la marque, elle a su lui donner une nouvelle impulsion, en s'appuyant sur ses valeurs fondatrices. Molinard développe un storytelling inspirant basé sur la transmission du savoir-faire, l'héritage humain et olfactif ou le respect des traditions. Dans son brand manifesto, elle affirme avec force : « Nous croyons à une parfumerie d'héritage qui s'enrichit au fil du temps d'une multitude d'expériences et d'inspirations, qui conserve le passé pour embellir le présent. »

Plus qu'un univers de produits, Molinard est un secret que l'on se transmet de générations en générations, au cœur de l'entreprise comme chez les clients. À l'instar de cet artisanat d'excellence qui se perpétue à travers les décennies, les créations de la marque se propagent de mère en fille et de père en fils, au sein des familles qui composent sa fidèle clientèle. Grâce à la pertinence de son récit et à la qualité de ses produits distribués en France et dans 40 pays, la Maison Molinard a encore de belles décennies devant elle.

CONSEILS D'EXPERT

10 conseils pour développer votre marque employeur grâce au storytelling

Par Dominique Alexandre, conseil en stratégie de communication marque employeur

Dans un marché du travail de plus en plus concurrentiel, attirer les meilleurs talents et les fidéliser sont devenus des défis majeurs pour les entreprises. L'art de raconter votre histoire d'entreprise fondée sur une identité, des valeurs et une culture peut transformer votre marque employeur. Chaque récit authentique, issu du vécu, peut devenir un lien puissant qui va séduire les talents et les inciter à rester fidèles à l'entreprise.

1. DÉTERMINEZ VOTRE IDENTITÉ DE MARQUE EMPLOYEUR

Présentez qui vous êtes en tant qu'employeur. Cette 1ère étape va vous permettre de développer une communication RH différenciante. Quels sont les éléments concrets (histoire, locaux, direction, style de management…) qui constituent votre entreprise et son ADN ?

2. DÉFINISSEZ VOS ATOUTS EMPLOYEURS

Avant de raconter votre histoire, identifiez ce qui rend votre entreprise unique en tant qu'employeur. Quelles sont vos valeurs, votre culture d'entreprise et ce que vous offrez à vos collaborateurs ?

3. COMPAREZ VOTRE OFFRE RH (RÉMUNÉRATION, ENVIRONNEMENT ET CONDITIONS DE TRAVAIL...)

Quelle promesse pouvez-vous faire à vos candidats ? En quoi se démarque-t-elle de la promesse employeur de vos concurrents ?

4. SOYEZ AUTHENTIQUE

Votre récit doit refléter la réalité quotidienne de votre entreprise. En effet, la transparence renforce la crédibilité de votre marque employeur.

5. IDENTIFIEZ VOS HÉROS INTERNES

Mettez en avant vos collaborateurs et leurs réussites. En plus de les valoriser, cela permettra à vos candidats de se projeter volontiers dans des parcours inspirants.

6. OFFREZ UN PARCOURS CANDIDAT CIBLÉ

Quel chemin transforme un inconnu en un candidat pour votre entreprise ? Comprenez les besoins et les attentes de vos futurs employés et adaptez votre storytelling avec une tonalité et des canaux de communication qui vont les toucher.

7. UTILISEZ DES SUPPORTS VARIÉS

Racontez votre histoire à travers une variété de supports (vidéos, blogs, témoignages, événements, etc) en combinant les approches *on* et *off line*.

8. IMPLIQUEZ VOS COLLABORATEURS

Encouragez vos employés à être des ambassadeurs de votre marque employeur en partageant leurs expériences sur leurs médias sociaux et lors d'événements. Ou encore, mettez en place une stratégie de cooptation.

9. MESUREZ LES RÉSULTATS

Utilisez des métriques pour évaluer l'efficacité de votre storytelling en matière de marque employeur. Cela peut inclure le suivi des candidatures, le taux de *turn over* et la notoriété de votre marque (ENPS : Employee Net Promoter Score, engagement sur les réseaux sociaux...).

10. ÉVOLUEZ EN PERMANENCE

Votre récit peut mettre en avant vos avancées en matière RH : un parcours d'intégration pour les nouveaux arrivants, des événements rituels (en interne ou en externe)... L'histoire de votre marque employeur doit évoluer avec votre entreprise et nourrir le sentiment d'appartenance de vos collaborateurs. Restez à l'écoute de leurs commentaires et adaptez votre storytelling en conséquence.

« Ce que nous attendons d'un récit, c'est l'expérience vécue par procuration. »

John Updike

Chapitre 10

BRAND CONTENT ET STORYTELLING

L'avènement du digital a conduit de nombreuses entreprises et marques à repenser leur stratégie de communication en publicité traditionnelle et à privilégier le brand content, que ce soit en BtoB ou en BtoC.

Le brand content, ou contenu de marque en bon français, est une technique marketing qui consiste à créer du contenu en lien direct avec la marque afin de la mettre en valeur auprès de ses publics. L'objectif? Établir avec son audience une connexion émotionnelle afin qu'elle se souvienne de la marque et qu'elle ait envie de la suivre au quotidien. Alors que la publicité vante les qualités d'un produit ou d'une marque pour inciter à l'acheter, le brand content permet de créer un lien fort et durable entre celle-ci et le consommateur. Il se focalise notamment sur l'expérience client, afin que ce dernier s'identifie à la marque, en provoquant un sentiment d'appartenance et de proximité. Avec la publicité traditionnelle, le message émis par l'entreprise est transmis via un média extérieur de façon descendante.

L'émergence du brand content offre l'opportunité à la marque de devenir à la fois auteur, en produisant ses propres contenus, et éditeur, en créant ses propres médias, grâce notamment à l'hyper-media internet. Elle utilise désormais tous types de canaux pour communiquer auprès de ses publics et interagir avec eux : blogs, podcasts, vidéos, web-séries, publications, évènements… Les contenus doivent être à la fois informatifs et divertissants pour susciter l'intérêt de leur audience et créer de l'émotion.

Quant aux consommateurs, ils ne sont plus seulement des acheteurs de produits ou de services mais de véritables soutiens engagés auprès des marques qu'ils aiment et dont ils sont devenus des fans et des followers. Comme le remarque avec justesse Daniel Bô dans son ouvrage *Brand content* publié chez Dunod, « les consommateurs ne veulent plus être traités en consommateurs. » Ils ont besoin de donner du sens à leur consommation et demandent donc aux entreprises de la transparence et de l'engagement, notamment sur les questions sociétales, éthiques ou environnementales. Un nombre croissant d'entre eux ne veulent plus être passifs dans leurs rapports avec les marques et accepter docilement les offres qui leur sont proposées. Ils souhaitent interagir avec elles, donner leur avis et échanger avec les autres membres de la communauté, voire participer au processus de conception des produits. Ces nouveaux « consom'acteurs » sont certes particulièrement exigeants mais une fois fidélisés, ils deviennent de véritables ambassadeurs de la marque dont ils vont largement parler autour d'eux et qu'ils vont recommander à leur réseau.

Autre atout du brand content, il permet aux grandes entreprises multinationales d'élaborer des stratégies de contenu à l'échelle du monde et de les décliner localement en les adaptant au contexte spécifique de chaque région.

Le storytelling, un atout du brand content

Le storytelling est un des plus puissants leviers du brand content. Il permet de raconter une histoire, dans le cadre d'une stratégie globale de contenu de marque et de toucher au cœur son public grâce aux émotions suscitées. Une campagne de brand content réussie suppose la création préalable d'un véritable univers identitaire et différenciant qui donnera envie à l'audience de l'entreprise d'adhérer à ses valeurs et de se constituer en communauté. Elle doit aussi provoquer de l'émotion et ne pas se contenter d'énoncer des caractéristiques produits et des engagements éthiques ou éco-responsables.

L'objectif ultime d'une stratégie de contenu est de faire en sorte que la grande majorité des clients se sente appartenir à une même communauté, celle des fans de la marque. La vidéo est sans doute le vecteur le plus efficace pour transmettre un message sous forme de récit. C'est celui que les marques plébiscitent à juste titre. En effet, une étude de *Forbes* nous indique que 64 % des consommateurs sont prêts à faire un achat après avoir visionné une vidéo de brand content.

En résumé, on peut affirmer que grâce au storytelling les stratégies de brand content permettent aux entreprises et aux marques de :

- Fédérer les clients ou prospects autour de leurs valeurs
- Développer le sentiment d'appartenance à leur communauté
- Créer un univers permettant une différenciation par rapport à la concurrence
- Installer un lien de confiance entre elles et leur audience
- Interagir avec leur public quelle que soit la forme du message (rédactionnel, contenu graphique, vidéo, podcast, publication, tutoriel, évènement...) et le média utilisé (RS, blog, TV, radio...)

Red Bull : un récit de marque plus fort que le produit

Avec une stratégie de communication axée sur les sports extrêmes, la marque au taureau ailé a toujours réussi à marquer les esprits et à s'imposer sur le marché, sans avoir à vraiment mettre en avant ses produits. Un des exemples les plus emblématiques de brand content abouti est l'exploit de Felix Baumgartner. En 2012, Red Bull est aux côtés du parachutiste de l'extrême autrichien lorsqu'il effectue depuis la stratosphère, le plus haut saut en chute libre de l'histoire, soit plus de 38 km. Le projet baptisé « Red Bull Stratos » a permis à la marque d'entrer dans l'histoire et de s'offrir une visibilité planétaire mettant en exergue ses valeurs d'innovation, d'audace, de prise de risque et de courage.

ZOOM

Sephora, un brand content de toute beauté

Sephora est une chaîne de magasins de parfums et de produits cosmétiques créée en France en 1969, appartenant au Groupe LVMH, depuis 1997, et présente aujourd'hui dans le monde entier. Son nom vient du personnage biblique Séphora, épouse de Moïse. Dans les années 2000, l'entreprise a aussi développé une marque de distributeur (MDD) à son nom, des bars à beauté, des bars à ongles puis des « styling bars » pour la coiffure. Le cœur de cible de la marque est composé de jeunes femmes urbaines désirant des produits de qualité à prix raisonnables dans un objectif de bien-être et d'esthétisme.

Pour compenser le manque de disponibilité et de conseil du personnel en magasin les jours de forte affluence, Sephora a mis en scène ses produits dans de nombreux tutoriels vidéos publiés sur les réseaux sociaux et devenus rapidement très populaires. La marque a multiplié les types de brand content utilisés et propose ainsi des conseils en ligne, des FAQ, des revues de produits, des astuces beauté, des infographies, un chatbot capable de répondre à de nombreuses interrogations et une application mobile innovante. Celle-ci permet d'essayer virtuellement, grâce à la réalité augmentée, des articles de type gloss ou rouge à lèvres avant de les acheter. La firme française a même eu l'idée d'un studio photo itinérant qui permet à ses clientes de réussir leurs photos d'identité, coiffées et maquillées par des professionnels mis à disposition par la marque. La force de la stratégie phygitale de Sephora réside dans l'excellence du couplage entre l'expérience client sur téléphone mobile ou sur ordinateur et celle en magasin. Ceci afin d'inciter la clientèle online à se rendre dans les points de vente physiques et inversement.

STORY

Aux origines du brand content : le Guide Michelin

Leader mondial des pneumatiques, l'entreprise Michelin est née à Clermont Ferrand en 1889. À l'occasion de l'Exposition universelle de 1900, les frères André et Édouard Michelin, fondateurs de la firme, décident de publier leur premier guide. À cette époque, la France ne compte que 2 400 conducteurs et cette édition s'adresse à ces pionniers de l'automobile pour leur fournir des informations importantes comme la liste des garagistes existants, les adresses des médecins, les plans de certaines villes et des recommandations d'endroits remarquables à visiter. Jusqu'en 1908, le guide est gracieusement offert aux acheteurs de pneumatiques et il est financé par la vente d'espaces publicitaires. Il a pour vocation d'informer cette nouvelle population d'automobilistes et de devenir, en quelque sorte, un mode d'emploi des déplacements routiers. Dans le même esprit, Michelin crée en 1905 les premières cartes géographiques destinées aux usagers de la route.

C'est en 1920 que le guide rouge devient payant et s'étoffe de préconisations de restaurants préalablement testés et évalués par des critiques culinaires. Dès 1926, Michelin publie le guide des meilleures tables de France afin d'amener les automobilistes à voyager et les inciter à découvrir différents terroirs. La fameuse classification par étoiles apparaîtra en 1931 et récompensera d'abord les meilleurs restaurants de l'axe Paris-Lyon-Marseille puis les meilleures tables de tout le pays.

Parce que son univers est bien plus large que le simple pneumatique et s'étend à tout ce qui concerne les déplacements routiers, Michelin a légitimement occupé le territoire du voyage et de la découverte en voiture. Proposant une invitation subtile à consommer des kilomètres de route donc des pneus, la marque au Bibendum restera à jamais un véritable pionnier du contenu de marque.

ZOOM

Oasis, un storytelling plein de jus

Ils s'appellent Ramon ta fraise, Jude Citron, Orange Presslé, Frambourgeoise, Mangue Debol ou Alan Anas. Ils portent des noms qui sonnent comme des calembours mais sont vite devenus des personnages cultes et de véritables stars sur les réseaux sociaux. Les P'tits fruits d'Oasis ont permis à la filiale d'Orangina Schweppes, de s'imposer en quelques années comme la deuxième marque sur le marché des soft drinks en France, derrière Coca-Cola. Ces petits personnages en 3D, attachants et décalés, qui habitent une île idyllique et parlent un langage bien à eux, donnent une identité incomparable à la marque. Son storytelling repose sur les aventures de ces fruits personnifiés au style drôle et enfantin. Oasis a ainsi fortement marqué les esprits grâce à une présence continue sur les réseaux sociaux dès le lancement du concept en 2010.

Depuis, elle s'attache à préserver le lien affectif qu'elle a su créer avec sa nombreuse communauté en proposant des contenus surfant sur l'actualité et en donnant des rendez-vous réguliers à ses fans sur différents médias (webseries, affichage, TV, cinéma, expériences gaming, PLV, packagings...). La marque a également multiplié les partenariats dans l'univers des super-héros, notamment avec Marvel et DC Comics. Elle s'est même offert une association avec le rappeur marseillais JuL qui a mis à l'honneur sa boisson préférée à travers le titre *Tropical*. Sorti en juin 2023, ce morceau était accompagné d'un clip en animation 3D mettant en scène les personnages cultes de la marque. En donnant vie aux fruits contenus dans ses boissons et en divertissant son jeune public, Oasis a gagné son pari et s'impose aujourd'hui comme un exemple de brand content réussi.

CONSEILS D'EXPERT

10 conseils pour lancer votre podcast de marque

Par Célia Gouverneur, conseil en création de podcasts et créatrice du podcast *Seconde Voie*.

Média digital en plein essor, le podcast est un véritable outil au service du brand content et du storytelling d'une entreprise ou d'une marque. L'enregistrement audio permet de raconter des histoires tout en créant un lien d'attachement, voire une relation d'intimité avec son audience. Il renforce l'attention de l'auditeur qui l'écoute généralement seul avec un casque ou des écouteurs, humanise la communication, sollicite l'imaginaire et provoque des émotions. Les podcasts accompagnent notamment les consommateurs pendant les périodes de transit, en voiture ou dans les transports publics, lorsque ceux-ci n'ont pas la possibilité de se concentrer sur un écran. Selon une étude Nielsen réalisée aux États-Unis en 2022, les intentions d'achats augmentent de 10 % chez les auditeurs exposés à un podcast publicitaire.

1. DÉFINISSEZ VOS OBJECTIFS

Prenez le temps de déterminer clairement le pourquoi de votre podcast. Est-ce que c'est un moyen de faire connaître votre marque ou votre expertise, un moyen de générer des *leads* ou plutôt de créer une communauté fidèle? Cela vous aidera à orienter votre contenu.

2. DÉTERMINEZ VOTRE AUDIENCE CIBLE

Plus vous identifierez votre auditeur cible, plus vous connaîtrez ses habitudes, ses centres d'intérêt et ses préoccupations, plus il vous sera facile de créer un contenu pertinent et engageant.

3. CHOISISSEZ L'ANGLE ET LE FORMAT DE VOTRE PODCAST

Ne confondez pas podcast de marque et publicité. L'idée n'est pas de parler de votre marque ou de mettre en avant vos services ou produits, mais plutôt d'apporter un contenu dans votre domaine d'expertise qui répond aux questionnements de votre auditeur cible. Une fois que vous avez défini le sujet, choisissez la durée des épisodes et le format : podcast fiction, éducatif, interview, etc.

4. CRÉEZ L'IDENTITÉ DE VOTRE PODCAST

Votre podcast attirera les auditeurs d'abord grâce à son nom et sa cover (jaquette). Évitez les noms à rallonge et privilégiez un nom qui comprend un mot-clé lié à votre thématique pour faciliter son référencement sur les plateformes d'écoute. En ce qui concerne la cover, optez pour la lisibilité et la sobriété.

5. INVESTISSEZ DANS UN MATÉRIEL DE QUALITÉ

Le succès de votre podcast dépend également de sa qualité sonore. Pour cela, investissez dans des micros fiables comme ceux des marques Rode ou Shure pour un son digne des plus grands studios. En ce qui concerne les logiciels de montage, les gratuits comme Audacity ou Garage Band feront l'affaire. Quelques jours avant d'enregistrer votre premier épisode, apprivoisez votre matériel et faites des tests pour être à l'aise.

6. RÉDIGEZ UNE INTRO IMPACTANTE

30 secondes. C'est le temps maximum que vous avez pour accrocher un auditeur et le convaincre de poursuivre l'écoute de votre épisode. Le challenge est de marquer les esprits dans un délai court. Vous pouvez évoquer de manière dynamique et synthétique les raisons de la création de ce podcast, présenter à l'auditeur le format, le sujet ou la fréquence des épisodes. Une bonne intro, c'est aussi une musique de générique adaptée à l'identité de votre podcast. Prenez le temps de la choisir !

7. PRÉPAREZ VOS SCRIPTS ET INTERVIEWS

Pas de place à l'improvisation ! Pour les interviews, renseignez-vous sur vos invités et construisez l'interview de manière logique. Pour vos épisodes solos, rédigez en amont un plan d'épisode pour structurer vos idées. Plus vous préparerez votre contenu, moins il y aura d'imprévus pendant l'enregistrement.

8. ENREGISTREZ DANS DE BONNES CONDITIONS

Pour garantir une qualité sonore, l'enregistrement doit se faire dans les bonnes conditions. Assurez-vous de ne pas être dérangé et n'enregistrez pas à proximité d'une fenêtre. Coupez également toutes les sources de bruits parasites.

9. SOIGNER LA PROMOTION DE VOTRE PODCAST

Pour faire connaître votre podcast et accroître votre audience, faites du teasing sur les réseaux sociaux ou dans votre newsletter, écrivez un article de blog qui résume chaque épisode sur votre site web. Si vous avez un podcast d'interview, demandez à vos invités de le relayer.

10. TENEZ LA RÉGULARITÉ

Pour que votre podcast soit mis en avant sur les plateformes d'écoute, sortez régulièrement de nouveaux épisodes. Pour cela, établissez un calendrier éditorial et enregistrez plusieurs épisodes à l'avance.

Le quiz du storyteller

Testez vos connaissances sur le storytelling en répondant aux dix questions ci-dessous. Rassurez-vous, toutes les réponses se trouvent dans le livre.

1. Le modèle AIDA signifie :

a) Attention – Intérêt – Désir – Action

b) Action – Intérêt – Décision – Attention

c) Attention – Impact – Décision – Attribution

2. Selon Seth Godin, les marketeurs mentent :

a) Parce que tout acte de vente doit reposer sur un mensonge

b) Parce les consommateurs le leur demandent

c) Parce qu'un bon marketeur est obligatoirement un menteur

3. Héroïne du Conte des Mille et une Nuits, Shéhérazade…

a) …fut tuée par le roi Shahryar

b) ...eut la vie sauve grâce à son talent pour raconter des histoires

c) …raconta à son mari qu'elle le trompait avec un esclave

4. À quelle légende le storytelling de la marque Evian fait-il référence?

a) L'élixir d'amour

b) La Bête du Gévaudan

c) La Fontaine de jouvence

5. Quelle marque a pris la parole pour conseiller de ne pas acheter ses produits?

a) Patagonia

b) Geox

c) Innocent

6. Parmi ces affirmations, laquelle est inexacte?

a) Les histoires facilitent la mémorisation

b) Les histoires agissent sur les émotions

c) La description factuelle est plus efficace qu'un récit sur le produit

7. La marque Châteldon raconte l'histoire:

a) D'une eau minérale source de joie

b) D'une eau minérale source de vitalité

c) D'une eau minérale servie à la Cour du Roi Soleil

8. Parmi ces marques, laquelle utilise la nostalgie comme registre émotionnel ?

a) La Laitière

b) Red Bull

c) Axe

9. Quel support a la plus grande efficacité narrative :

a) Le social media

b) L'affichage

c) La radio

10. Parmi ces affirmations, laquelle est inexacte ?

a) Selon une étude, 64 % des consommateurs sont prêts à faire un achat après avoir visionné une vidéo de brand content

b) Le brand content permet d'installer un lien de confiance entre les marques et leur audience

c) Le brand content est un outil marketing exclusivement adapté aux entreprises évoluant dans un modèle BtoC

Réponses : 1. a / 2. b / 3. b / 4. c / 5. a / 6. c / 7. c / 8. a / 9. a / 10. c

Remerciements de Bruno Valentin

Un grand merci à Caroline Stefani pour sa précieuse collaboration et à Marco Landi pour sa sympathique participation,

Merci à Anne pour son soutien indéfectible, à Louis et Chloé pour leurs encouragements et leur tendresse,

Merci à Ariel Morali, mon binôme depuis toujours,

Merci à Frédéric Ovadia pour sa confiance, à Roger Melzer d'Iscae Éducation pour sa bienveillance, à Lyvie Guéret Talon pour sa vision,

Merci à Flora Desbrosses, Dominique Alexandre, Celia Gouverneur, Michel Lévy et Bernard Deloupy pour leur expertise,

Merci à Fred Gibrat pour sa contribution créative,

Merci à Jocelyne et Maryvonne pour leur aide,

Merci aux clients de Pôle Company qui m'ont accordé leur confiance tout au long de ces années.

Remerciements de Caroline Stefani

Je tiens à remercier sincèrement Bruno Valentin pour la confiance qu'il m'accorde depuis de nombreuses années et pour m'avoir donné l'opportunité de contribuer à ce projet exceptionnel.

Merci à Stephen et Chiara pour leur accompagnement et leur amour,

Merci à Martine et Bernard pour leur soutien et leurs précieux encouragements,

Merci à Frédéric Ovadia d'avoir rendu possible la publication de cet ouvrage,

Merci à Marco Landi pour sa collaboration, et à Flora Desbrosses, Dominique Alexandre, Celia Gouverneur, Michel Lévy et Bernard Deloupy pour leur expertise.

Bibliographie

Brand culture – Daniel Bô, Matthieu Guével – Dunod

Histoires de marques – Jean Watin-Augouard – Éditions Eyrolles

Branding management – Georges Lewi – Pearson Education

Ces idées qui collent – Cheap et Dan Heath – Pearson

Storytelling – Christian Salmon – Éditions La Découverte

Pentacom – Philippe Malaval, Jean-Marc Décaudin, Guillaume Devianne – Pearson

Tous les marketeurs racontent des histoires – Seth Godin – Dunod

Brand content – Daniel Bô, Pascal Somarriba – Dunod

Storytelling for Nonprofits- ebook – NetworkforGood

L'analyse structurale des récits – Roland Barthes – Éditions Points

La bible de l'apprenti-auteur – Bernard Deloupy – Armand Colin

Story brand, 7 piliers du storytelling – Donald Miller – Pearson

Storytelling, enjeux, méthodes et cas pratiques de communication narrative – Franck Plasse – Territorial éditions

Le storytelling – Sébastien Durand – Dunod

L'art du storytelling – Guillaume Lamarre – Éditions Pyramyd

Storytelling, réenchantez votre communication – Sébastien Durand – Dunod

Le storytelling en marketing – Seth Godin – Maxima

Blogs et sites web

https://www.manager-go.com/marketing/dossiers-methodes/methode-aida

https://www.itespresso.fr/brandvoice/brand-content-les-atout-du-storytelling-pour-votre-strategie

https://www.bang-marketing.com/publications/ebang/cest-quoi-le-storytelling-et-comment-raconter-votre-histoire

https://www.antevenio.com/fr/top-dix-des-marques-qui-creent-un-lien-emotionnel-avec-les-consommateurs

https://www.e-marketing.fr/Thematique/management-1090/Breves/Billet-Joie-nouvelle-ode-marques

https://www.marketing-management.io/blog/brand-content

https://blog.flexvision.be/articles/marketing-emotionnel-le-pouvoir-des-emotions-au-service-de-votre-marque

https://www.harvardbusiness.org/what-makes-storytelling-so-effective-for-learning

https://www.opencolleges.edu.au/blogs/articles/how-storytelling-can-enhance-any-learning-experience

www.deloupy.com

https://trendsformative.com/fr/consomacteur-quand-les-consommateurs-changent-les-regles-du-jeu

https://jai-un-pote-dans-la.com/la-place-du-storytelling-dans-la-strategie-de-brand-content

https://www.blogdumoderateur.com/chiffres-reseaux-sociaux/

https://www.reech.com/fr/marketing-influence-etude-reech

Index des marques

Index des figures

Cet ouvrage a été réalisé

par **SARYTECH** [v1]

Pour LESEDITIONS**OVADIA**
N° d'éditeur : 2-36392

Dépôt Légal : 2024

Achevé d'imprimer chez SoBook le 23-01-2024
Linselles - France

Nos papiers sont issus de forêts gérées durablement

N° impression : 890 112